いま読む！名著

ハンナ・アレント『人間の条件』を読み直す

難民と市民の間で

小玉重夫
Shigeo KODAMA

現代書館

いま読む！名著

難民と市民の間で

ハンナ・アレント『人間の条件』を読み直す

＊

目次

序章

思想的事件としての『人間の条件』

1　『人間の条件』の歴史的コンテクスト

アレントが読まれてきた社会背景

ハンナ・アレント（Hannah Arendt　一九〇六―一九七五）はドイツで生まれ、ユダヤ人であるためにナチス・ドイツの迫害を受けて戦後アメリカに亡命し、活躍した政治思想家である。彼女の『人間の条件』は、一九五八年に出版され、アレントのもっとも重要な著作として評価されている。特に、本書が提起した政治に参加する市民像は、一九五〇年代から六〇年代にかけて、欧米、特にアメリカで勃興しつつあった公民権運動や学生運動、市民運動を理論的に根拠づける古典として参照されてきた。

『人間の条件』の出版された一九五八年以降、アメリカでは黒人の公民権運動が大きく盛り上がり、同時にベトナム戦争が泥沼に入っていく。そのような背景をうけて、六〇年代後半はベトナム反戦運動と学生運動が絡み合いながら台頭していく。この学生運動や市民運動の盛り上がりの中で、人びとが社会に参加し発言することが急速に活発化していく時代であった。

まさしく、アレントが『人間の条件』で提案するのはそういう参加型民主主義、つまり政治家だけに政治をまかせるのではなく、市民が直接、政治に参加すべきだという主張であった。このような社会背景の中で考えると、『人間の条件』をはじめとしたアレントの著作が、参加型民主主義で参照される古典として扱われるのも納得できるのではないだろうか。

以上をふまえて、『人間の条件』を読むうえで前提となる歴史的なコンテクスト（文脈状況）を、アメリカでのアレントをとりまく人間関係に焦点をあてて確認しておきたい。

ブリュッヒャーとメアリー・マッカーシー：ニューヨーク知識人サークルの中で

アメリカでのアレントの生活と思想形成を考えるうえで欠くことのできない二人のキーパーソンがいる。

一人は、夫のハインリヒ・ブリュッヒャー（Heinrich Blücher　一八九九―一九七〇）である。ブリュッヒャーは第一次大戦後のドイツ革命にローザ・ルクセンブルク（Rosa Luxemburg　一八七一―一九一九）らのスパルタクス団の一員として参加しその後のドイツ共産党設立にも参加した生粋の社会主義活動家である。だが、当時の国際共産主義運動を支配していたスターリンの全体主義に反発して共産主義運動から身をひき、アレントのパートナーとして反ナチ抵抗運動に参加し、戦後はアメリカでアレントと共に学究生活を送る。

後述するハイデガーらのもとで哲学研究者として自己形成したアレントが、政治に目覚めて、ローザ・ルクセンブルクやヴァルター・ベンヤミン（Walter Benjamin　一八九二―一九四〇）など異端派のマルクス主義思想を取り入れつつカール・マルクス（Karl Marx　一八一八―一八八三）の批判的読解を行うに際しては、ブリュッヒャーからの影響が少なからずあった。

もう一人は、ニューヨークでのアレントの親友、メアリー・マッカーシー（Mary McCarthy 一九一二－一九八九）である。マッカーシーは文学者であり、フェミニストである。戦間期の一九三〇年代に共産主義のシンパになるが、その後、スターリンのソ連から追放されたレオン・トロツキーを支持して、アメリカにおける反スターリン主義左派の中心人物となる。メアリー・マッカーシーの反スターリン主義左派としての立場は一貫しており、ソ連を中心とする国際共産主義運動の支配に反発しつつ、一九五〇年代前半のアメリカを席巻したマッカーシズム（このマッカーシーはメアリー・マッカーシーとはまったくの別人物である）と呼ばれる反共産主義の嵐をも、強く批判した。

アレント、ブリュッヒャー、メアリー・マッカーシーらはニューヨークの反スターリン主義左派知識人サークルのメンバーであり、アメリカでのアレントの思想形成はそうした知識人サークルの中で展開していった。ここで反スターリン主義左派というのは、ソ連を中心とする既存の共産主義、共産党に反対する点で反スターリン主義であり、資本主義に対しても批判的な立場をとる点で左派である、という意味である。したがってまた、この立場は資本主義か共産主義か、という当時の思想言論界を支配していた冷戦的な対立構造にも組みこまれないことをモットーとしていた。この反スターリン主義左派という思想的なスタンスは、アレントの思想と『人間の条件』を読み解くうえで重要な柱である。

クルト・ブルーメンフェルト：亡命ユダヤ人難民として

アレントの思想を支えているもうひとつの柱は、迫害された亡命ユダヤ人難民としての自身のアイデンティティと経験に根ざした、国民国家や全体主義に対する批判的視点である。アレントがこの視点を獲得するうえで重要な契機となったのが、一九三〇年代に彼女自身が本格的に政治的実践に参加したシオニズムというユダヤ人民族解放運動での経験である。このシオニズム運動にアレントを導いたのが、クルト・ブルーメンフェルト（Kurt Blumenfeld 一八八四―一九六三）であった。ブルーメンフェルトはドイツでシオニスト連盟の代表をつとめ、一九三〇年代にパレスチナに活動の拠点を定めて、パレスチナへのユダヤ人移住計画の実施に尽力する。アレントはブルーメンフェルトと一九二六年に知りあって以降、強い影響を受け、ナチスの迫害から逃れてパリに亡命していた一九三〇年代には、ユダヤ人のパレスチナ移住を支援する活動に積極的に参加した。アレントにとってブルーメンフェルトは同志的な存在であり、終生、友としての信頼関係を維持し続けた。

しかし他方で、のちにアレントはシオニズム運動から距離をおき、シオニストにより建国されたイスラエルにも批判的な考えをもつようになる。特に、一九六一年のイスラエルでのナチの元高官アイヒマンに対する裁判に関するアレントの批判的な評論はアメリカのユダヤ人社会やイスラエルで強い批判を生み、アレントとブルーメンフェルトの関係にもひびが入ることとなる。

迫害された亡命ユダヤ人難民としてのアレントの経験は、シオニズムやユダヤ人のあり方への共感と反発とが複雑に絡まり合った、両義的な態度を彼女自身にとらせることになるのである。このことは、彼女の思想、とりわけ『人間の条件』で展開される公共性の特徴を読み解くうえで、重要なポイントになるであろう。

マルティン・ハイデガー：哲学と政治の緊張を見据えて

最後にもう一人、アレントの思想を考えるうえで欠くことができないのは、学生時代の恩師であるマルティン・ハイデガー（Martin Heidegger　一八八九－一九七六）との関係である。

アレントはマールブルク大学でハイデガーに師事し、その後、ハイデルベルク大学のカール・ヤスパース（Karl Jaspers　一八八三－一九六九）のもとで、学位論文「アウグスティヌスにおける愛の概念」を書き上げた。アレントにとってハイデガーとヤスパースは、恩師であるだけでなく、思想的にも大きな影響を受けた二人の哲学者である。特にハイデガーの哲学は、若きアレントに決定的な衝撃を与え、本書で後に述べるように、『人間の条件』にもその影響は色濃く反映している。また、ハイデガーにとっても、一九二四年から二五年にかけてのアレントとの議論は自身の哲学を展開していくうえで大きな刺激になったようである。アレントとハイデガーが関わりを持っていた期間は、ちょうど、ハイデガーが主著『存在と時間』（一九二七年）を準備していた期間にあたる。

アレントの思想を見るうえでひとつの鍵となるのが、アレントがハイデガーから何を受け継ぎ、何を批判しようとしたのかという点である。これは研究者の間でも繰り返し議論されてきた点である。事実としてふまえておかなければならないのは、ハイデガーがフライブルク大学の総長に就任していた一九三三年に、ナチスの党員としてナチスの政策を積極的に支持する発言と活動をしていたことである。この事実は、ナチスに迫害されたアレントにとって、きわめて重い、そして許しがたい事実であったことは疑いえない。アレントのハイデガー評価はかくして複雑なものにならざるを得なかった。この点は、あらためて本論でも触れようと思う。

2　本書がめざすこと

二〇世紀の思想的事件であった『人間の条件』の刊行

前節の最後で、ハイデガーがナチスに加担したこと、そしてそれによって、アレントのハイデガー評価は複雑なものにならざるを得なかったことを述べた。この点に関してやや先取り的に言うならば、アレントが『人間の条件』でプラトン以後の哲学者の支配を批判し、哲学と政治の関係を再構築しようとするとき、そこで批判の対象として念頭に置かれていたのは、カール・マルクスとハイデガーであった。

つまり、アレントが『人間の条件』でめざしていたことは、一九世紀最大の思想家カール・マルクスと、二〇世紀最大の思想家マルティン・ハイデガーを、共に批判し、乗り越えようとする試みであったといえるのだ。この点において、一九五八年の『人間の条件』の刊行は、二〇世紀の思想的事件であったといっても過言ではない。

本書では、『人間の条件』がいかなる点で二〇世紀の思想的事件であったのか、マルクスとハイデガーを乗り越えようとしたというが、それはどういうことなのか、できるだけ『人間の条件』のテキストに基づきながら、読み解いていきたい。それと同時に、『人間の条件』が二〇世紀の思想的事件であったことの今日的な意味、特に、現代の政治や教育のあり方を考えるうえでの示唆となる点を、抽出していきたい。

時代のキーワード：公共性

『人間の条件』が二〇世紀の思想的事件であることを示す最も重要な点は、そこで政治的世界としての「公共性」が積極的に主張されていることにある。そこでの公共性は、「社会」に対置されると共に、国民国家とも異なるものとして描かれる。その背景には、前節で述べたような反スターリン主義左派の立場からの、資本主義世界と社会主義世界の双方に対する批判があった。さらにまた、シオニズム批判の立場からの、公共性とナショナリズムと等置してしまうような国民国家論に対する批判があった。このような『人間の条件』における公共性の押し出し方は、一方で冷戦対立の嵐が吹きまくり、他方で民族自決の気運が高まりつつあった一九五八年という時代状況のもとでは、きわめて反時代的なメッセージを濃厚に含んでいた。だから誤解もされ、十分評価されてきたとは言い難い状況があった。

しかし冷戦が終結し、国民国家のあり方にも再考が迫られている近年の状況下で、このような

『人間の条件』が提起する公共性の捉え方には、あらためて積極的な意義を見い出す研究や評価が多くなされるようになっている。

現代においてアレントの公共性論が注目される背景には、公共性が新しい社会や政治のあり方を指し示す鍵概念として注目されているという事情がある。これまで、公共性といえば、「公共事業」とか、「公共の福祉」といった用い方に示されるように、どちらかといえば、行政や国家が担当することがら、一般市民の人権を制約することがら、そして日本的な文脈でいえば、「おかみ」が担当することがら、というニュアンスが強かった。しかし近年の「新しい公共」論では、むしろこれまで行政や官僚が担ってきたものを市民が担うようにしていく、そういう新しい政治や社会のあり方を示す概念として、公共性が再定義されつつある。

今アレントが読み直されなければならない理由は、この点にある。そして、本書が扱う『人間の条件』は、まさにこの、公共性とは何かということについて、さらにその公共性を担う市民とは誰かということについて、理論的に掘り下げた著作である。

『人間の条件』が主題としていること

『人間の条件』は、一九五八年、アレントが五二歳のときに出版された。この著作では公共性について、古代ギリシアで発達した都市国家（ポリス）の政治をもとにしながら哲学的な考察を展開している。アレントによれば、古代ギリシアのポリスでは、政治に参加する市民がポリスで発言し、それによって自らの行為を開示することが重視されていた。アレントの言葉に耳を傾けてみよう。

人間の複数性とは、唯一存在の逆説的な複数性である。言論と活動は、このユニークな差異性を明らかにする。そして、人間は、言論と活動を通じて、単に互いに「異なるもの」という次元を超えて抜きん出ようとする。つまり言論と活動は、人間が、物理的な対象としてではなく、人間として、相互に現われる様式である。この現われは、単なる肉体的存在と違い、人間が言論と活動によって示すイニシアティヴにかかっている。しかも、人間である以上止めることができないのが、このイニシアティヴであり、人間を人間たらしめるのもこのイニシアティヴである。[*1]

アレントによれば、「言論と活動は、人間が、物理的な対象としてではなく、人間として、相互に現われる様式」であり、それこそが、公的な活動の重要な特徴であるというのである。『人間の条件』では、この人間が人間たる条件である公的な活動の重要性が説きおこされると同時に、それが現代社会において、いかにして崩壊していったのかを解明している。それだけでなく、来るべき社会においてあらたに公的な活動が再開される可能性とその条件についても、示唆がなされている。

本書では、このような『人間の条件』で示されている、来るべき社会における公的活動再開の可能性とその条件とはいったい何なのかを、なるべくアレント自身の議論を丁寧に読み解くことを通じて、そしてそれを、現代思想の最先端の議論ともクロスさせながら、明らかにしていきたい。

本書の構成

前節で述べたように、本書では、アレントが『人間の条件』を執筆するうえでの背景となっている三つの思想的な視点をふまえていく。第一は、ニューヨーク知識人サークルの中でゆるやかに共有されている反スターリン主義左派という視点である。第二は、シオニズム運動との両義的な関わりの中で育まれた、亡命ユダヤ人難民としての視点である。第三は、ハイデガーの影響とそこからの離脱、そしてカール・マルクス批判を通して形成された、哲学と政治の緊張関係を見据えるという視点である。

これらの点をふまえつつ、本書ではまず、第1章「忘却の穴」で、そもそもアレントが『人間の条件』を書いた動機が何であったのかを、前著『全体主義の起原』との関係に注目しながら、明らかにしていく。

それに続いて、『人間の条件』で展開されている主要な概念と議論を、現代の公共性や教育問題との関係を強く意識しながら読み解き、現代の政治と教育にとっての意義を明らかにしていく。『人間の条件』が公的な活動を行う市民の条件として想定しているのは、大きく整理すればふたつある。ひとつは「考える」という人間の思考活動であり、もうひとつは、「行為する」という人間の政治活動である。第2章「退きこもりの政治性：人間の思考活動」では、このうち人間の思考活動について、また、第3章「行為者の開示：人間の政治活動」では、人間の政治活動について検討していきたい。この考えることと行為することとの関係は、古代ギリシア以降の哲学と政治の関係とパラレルである。第2章と第3章の議論を通じて、アレントがこの古代ギリシア以降の哲学と政治の関係をどのように転換させ、再構成しようとしたのかを明らかにしていきたい。そのことはまた、アレントがマルクス、およびハイデガーとどのように向かい合い、対決しようとしたのかを検討することでもある。

また、『人間の条件』では、このような人間の公的な活動の条件がなぜ近代において失われていったのか、あるいは、完全になくならないにしても、なぜその位置が低くなっていったのかを分析している。その際の鍵となる概念が、「社会的なるもの」という概念である。第4章「社会的なるもの」では、この点について明らかにすると同時に、それが、ミシェル・フーコーやジョルジョ・アガンベンといった現代の思想家が関心を寄せているテーマと直接関連している点にも言及したい。

そして第5章「出生」では、現代社会において人間の公的活動が再開される条件と可能性、その見通しについて、『人間の条件』のもっとも重要なキーワードである「出生」という概念に注目しながら、検討を行う。

以上を通して、現代において公的な活動が再開される可能性とその条件が、現実的なものとして提示されつつあることを、終章「難民と市民の間で」で展開する。『人間の条件』を読むにあたって本書がふまえることにした前述の三つの視点、すなわち、反スターリン主義左派という視点、亡命ユダヤ人難民としての視点、哲学と政治の緊張関係を見据えるという視点は、この「難民と市民の間」という方向性において交わることになるであろう。

本書は、『人間の条件』を読み解くという手法をとりながらも、それを二〇世紀の思想的事件として位置づけるために、アレントの他の主要著作との関連にも、網羅的に目配りをすることになる。さらに、アレントが対決したマルクスとハイデガー、同時代の思想家として強い影響を受けたベンヤミン、アレントの思想の事実上の継承者として位置づけられるフーコー、アガンベンらの付置連関を整理しつつ明らかにすることで、現代思想の見取り図を提供することもめざしている。

そして何よりも、スクールカーストから放射線教育までのアクチュアルな問題群と関連させつつ、現代の政治と教育の実践的指針が見えてくるようにしていきたい。

＊1　アレント、「人間の条件」、二八七ページ

第1章

忘却の穴

『人間の条件』を読み直す上で、重要になってくるのが、
その7年前に刊行された『全体主義の起原』だ。
そこで言及された「難民」という存在、その難民が落ちていく「忘却の穴」、
この2つの重要な概念を整理することから本書は始めたい。
そして、その2つを現代の教育問題——特にスクールカースト、いじめ——
に重ね合わせると驚くような現代性を放ち始める。
本章では、意識的に若い世代の作家、論者の、言葉に耳を傾けていくが、
そうすればするほどアレントの持つ今日性が浮き彫りになってくる。

アレントは一九五一年に刊行した『全体主義の起原』で評判を得て、事実上の論壇デビューを果たした。そして、一九五八年に代表作となった『人間の条件』を出版する。『全体主義の起原』の刊行から、『人間の条件』の刊行までの間に、七年間の歳月が流れている。『人間の条件』を読むうえで、この七年間の間に何があったのかを押さえておくことはきわめて重要な意味を持っている。ポイントは二つある。

一つは、『全体主義の起原』での歴史分析をふまえて、全体主義の克服をアレントがどのような形で考えていたのかという点である。本章では、この点を中心に見ていく。このことは、『人間の条件』への導入にもなり、また、現代の教育問題につながる論点をも含んでいる。そこで、現代の教育問題にも引きつけながら、アレントが考えようとしたこととの意味を検討していきたい。

もう一つは、『全体主義の起原』の刊行後、一九五〇年代の前半にアメリカ全体に吹き荒れた反共産主義運動（「赤狩り」、レッドパージ）の嵐の影響である。これは、ジョセフ・マッカーシー上院議員が主導する共産主義者の告発運動という形をとったため、マッカーシズムとも呼ばれる。アレントは親友のメアリー・マッカーシーと共に、このマッカーシズムの嵐に言論弾圧の危険を見つつも、[*1]同時に、それが批判の対象とした共産主義と、その思想的な基盤たるマルクス主義を、正面から批判の俎上に載せようとした。それが、『人間の条件』の執筆に結びつくわけであるが、この点について詳しくは第2章で取り上げることとしたい。

1　『全体主義の起原』から『人間の条件』へ

難民の発生

アレントは、一九五四年九月一六日付けのメアリー・マッカーシーとの書簡の中で、「古い本（『全体主義の起原』）をドイツ語に訳しているのですが、ちっとも楽しくなくて、本当にやりたい仕事にもどりたくてうずうずしています」[*2]と述べるほどに、『人間の条件』の執筆に入れ込んでいた。その理由は何だったのか。この点を考えるためにはまず、『人間の条件』の前作である『全体主義の起原』でアレントが考えていたことの核心をつかむことから始めたい。

『全体主義の起原』は、書誌的にいえば、一九五一年に出版されたアレント事実上の最初の主要著作という位置づけになるだろう。[*3]この本のもともとのメインテーマは、ナチス・ドイツにおける大量虐殺を生み出したヒトラーの全体主義というものが、いったいどういう歴史的な起源の中で形成されたのかを解明するというものではある。しかし、同時に、ソビエト、ロシアのスターリニズムを全体主義に位置づけているのも大きな特徴である。

『全体主義の起原』を、それが出版された一九五一年という時代状況の中であらためて考えてみると、二〇世紀の全体主義を代表する二つの大きな体制である「ファシズム」と「スターリニズム」を串刺しにして、そこに深く斬り込んで、批判的な分析を試みたという態度は、非常に先駆的であり、かつ当時の時代状況にあっては、異端でもあったといってもいいのではないだろうか。なにしろ、一九五六年のフルシチョフによるソビエト内部でのスターリン批判が行われる前の時代なのであるから。

もう一つ、『人間の条件』との関係を考えるうえでふまえておきたい『全体主義の起原』のポイントがある。それは、全体主義の特徴として、国民国家が難民を構造的に生み出すということに注目している点である。『全体主義の起原』では以下のように述べられている。[*4]

無国籍ということは現代史の最も新しい現象であり、無国籍者はその最も新しい人間集団である。第一次世界大戦の直後に始まった大規模な難民の流れから生まれ、ヨーロッパ諸国が次々と自国の住民の一部を領土から放逐し国家の成員としての身分を奪ったことによってつくり出された無国籍者は、ヨーロッパ諸国の内戦の最も悲惨な産物であり、国民国家の崩壊の最も明白な徴候である。[*5]

このアレントの議論をひきとって、政治思想家の藤田省三は、全体主義を「戦争の在り方における全体主義」と「政治支配の在り方における全体主義」と「生活様式における全体主義」の三つの形態に分類したうえで、『全体主義の起原』を参照して以下のように述べる。

これまで、三つの形のうち、当然のことながら、〝これこそが典型的な「全体主義」なのだ〟と考えられて来た「政治支配の全体主義」については、ハンナ・アレントが物の見事に要約したように、それが人類史上かつて無かった全く新しい性質の専制であって、それまでにも沢山あったし今もまだ数多くある、普通の専制政治や独裁政治とは全く違う新しい性質と形と徹底力とを持ったところにこそ特徴があった。そして其処に「政治支配の終末的形式」と呼ぶ他ないものが現れたのであった。それは、「難民」(displaced persons)の生産と拡大再生産を政治体制の根本方針とするものであった。それ故アレントは「二十世紀は難民の世紀となった」と言ったのであろう。*6

このように、藤田は、全体主義の時代に到来する「政治支配の終末的形式」と呼ぶほかないものとして、難民の生産と拡大再生産を挙げている。ここでいう難民とは、前述のアレントの文章にあるように、「自国の住民の一部を領土から放逐し国家の成員としての身分を奪ったことによってつくり出された無国籍者」である。藤田によれば、難民として追放される運動のメカニズムこそ、ナチスとスターリニズムに共通の構造にほかならない。

此処では、常に、「難民へと追放される者は誰か」が決定されなければならない。既にして十九世紀のイデオロギーなるものは、大方、運動行動の綱領と化していた。難民生産の規準も又、その綱領の中から用立てられる。ナチスは、最も手軽に、卑俗な集団的「虚偽意識」としての反ユダヤ人差別を利用し、それに大衆小説型の「陰謀家の集まり」というフィクションをつけ足して「綱領」の母胎（すなわちイデオロギー）らしく見せかけた。スターリニズムは、「まばゆいばかりに西欧文化の豊かな伝統」を包含していたマルクス主義を大衆操作と運動綱領に便利な「教義問答集」に簡略化し、それを「消滅しつつある階級」の消去と様々な異議を唱える「知識人層」の追放に役立てた。*7

また、政治学者でハンナ・アレント研究者の川崎修は、アレントがこうした「難民」の生産の源を、国民国家が形成された一九世紀の時代に見い出していたと捉える。

「難民」の発生は、全体主義の運動や支配に先だって、二十世紀初頭のヨーロッパにおいて拡がりつつあった現象であった。こうした「難民」の増大については、第一次世界大戦とロシア革命、そしてそれに続く国民国家体制の全ヨーロッパへの普及とまさにそのことが引き起こした国民国家の解体が、大きな原因であった。さらに、いわばその前史として、十九世紀の資本主義・産業化の進展と比例して生じた、政治的・社会的な安定的秩序の解体の過程があった。アレントは十九世紀を、国民国家と政党政治の成立の時代としてだけでなく、むしろそれ以上に解体の時代とみなしていた。*8

つまり川崎によれば、アレントは国民国家が形成された一九世紀の中に、一九世紀的な国民国家システムが解体していく契機をも読み込んでいたというのである。いわば、一九世紀に成立する国民国家は、国民を統合するシステムを形成していきながら、同時に、国民を自らの国の外に追い出してしまう契機をも内包させていた。そしてこの追放、難民化の契機が全面化していくのが、二〇世紀の全体主義である、そうアレントは見ていたといえる。

一九世紀的な国民国家システムの形成のメルクマールとして重要なのは、義務教育制度（国民教育制度）の確立である。国民の誰もが無償で義務教育を受けるシステムの確立は、国民国家の成立と軌を一にしていた。[*9] そして、十九世紀的な国民国家システムの形成がその解体の契機を内包させていたというアレントの見立てをふまえるとするならば、当然この見立ては、国民国家システムの柱をなしている近代の義務教育制度（学校教育制度）にも妥当するのではないか、そういう問題関心が浮上する。

まさにこの点に、歴史的事象としての全体主義が崩壊した後の現代においてもなお残る、『全体主義の起原』のアクチュアリティがある。

忘却の穴の持つ現代性

そこで、視点を現代社会に向けてみることにしよう。すると、アレントが描いている難民を再生産するシステムという全体主義の特徴が、実は今日に至るまで継続している問題であり、それどころかむしろ、それが私たちの日常生活の中に普遍化してきている面があることがわかる。

たとえば、フリーターや「ニート」の問題に代表されるような、社会的に排除される若者たちの貧困、格差の問題を精力的に取り上げている作家、雨宮処凛《かりん》の『生きさせろ』は、現代の日本の格差社会を批判的に議論するうえで、大きな影響力を持った本だ。ちなみに、この本の副題が、「難民化する若者たち」というのも象徴的ではないだろうか。この本で、雨宮は哲学者であり運動家でもある杉田俊介との対話を行い、その中で、ハンナ・アレントが『全体主義の起原』で用いた「忘却の穴」という重要な概念に触れている。この対談の中で、まず、杉田俊介が、「忘却の穴」について次のように説明する。

「自己決定」「自己責任」って本当に恐ろしい言葉です。自己決定なら自殺もいい、それも自分の責任でしょ、ってことで終ってしまう。周囲の放置も正当化されてしまう。アウシュヴィッツとかのユダヤ人虐殺について「忘却の穴」という言葉があるんですけど、たんに殺されるだけではなく、殺された事実自体がなかったことにされる。それは案外この日常のなかにぽつぽつあって、そこに落ち込むと、存在自体がなかったことにされていく。でも、思うんだけど、高齢者の寝たきりは寝かせきり、って言葉もあるけど、少なくない自殺者が、本当に死にたくて死にたいんじゃなくて、「死なせきり」ではないのかなあ、と。*10

この杉田の発言を受けて、雨宮は次のように述べる。

そこなんです！　私も杉田さんの本を読んだり、ネオリベラリズムの問題として考えたりすると、本当に自分の周りにいた自殺者がまさにそういう形で亡くなった、いや、殺されていったのだと思いました。制度や構造の問題は絶対に無関係ではない。まさに「忘却の穴」です。*11

二人の対話に登場する「忘却の穴」という概念こそ、アレントが『全体主義の起原』で考えようとしていたことの核心であった。すなわちそこで彼女は、第二次世界大戦中のナチス・ドイツやスターリンのロシアに代表されるような、全体主義のもとでの強制収容所の大量虐殺の背後にあった特徴をとらえる際に、この概念を用いた。アレントによれば、全体主義のもとでの収容所は、以下のように表現されている。

警察の管轄下の牢獄や収容所は単に不法と犯罪のおこなわれる場所ではなかった。それらは、誰もがいつなんどき落ちこむかもしれず、落ちこんだら嘗てこの世に存在したことがなかったかのように消滅してしまう忘却の穴に仕立てられていたのである。*12

短い文章だが、ここにはアレントが、全体主義下での収容所をどういうものとみなしていたのかが、「忘却の穴」という象徴的な表現によって集約されている。

全体主義下での大量虐殺は、単なる生物学的な生命の剥奪以上のものを意味していた。それは、この世に存在していたことが、まったくなかったかのように消滅してしまう、「忘却の穴」というしかないような構造を持っていた。

生物学的な生命の剥奪以上のことを意味していたとはどういうことか。それは、歴史の記憶から存在そのものまでも消し去ることを意味する。つまり、たとえばユダヤ人というアイデンティティなり、存在を歴史の記憶から抹消してしまう、それがホロコースト、大量虐殺の重要な意味である。ここは重要なポイントだ。

生物学的な意味での生命がなくなっても、人の記憶の中、歴史の記憶の中に存在し続ける人々や民族はある。たとえば、「ローマ人」。古代のローマは国として、また政治体制としては滅亡しているし、当然のことながら、当時生きている人はもういない。だが、古代の「ローマ人」という存在は、歴史の記憶の中には確かに残っている。そういうことと対比すると、ユダヤ人の置かれた立ち位置は特異であり、特徴的だった。

そして、この点にこそ、アレントがなぜその後に、『人間の条件』を書いたのかを考えるうえでの、重要なヒントがある。詳しくは次節で述べるが、先取り的に言えば、アレントはこう考えたのではないだろうか。

全体主義を克服するためには、その存在を人々の記憶にとどめておくことが可能なような、そういう公共的な記憶の空間が要請される、と。

スクールカーストと忘却の穴

さて、ナチス、ユダヤの問題というと歴史的、もしくは過去の問題だと思われるかもしれないし、また狭い意味での政治的問題と考えられがちだ。だが、前述した杉田と雨宮の対談が示唆するように、実は、私たちの日常生活、特に学校教育における身近な問題と背中合わせのところに、「忘却の穴」は存在しているのだ。たとえば学校におけるいじめ、あるいはそこまで問題が顕在化していない場合でも、現代を生きる私たちの身の回りでおこる些細な問題には、周りから無視されたり、あるいは居場所を奪われたりすることによって、存在そのものがなかったことにされる、そういう側面があるのではないだろうか。

これが現代の学校の中でわかりやすい形で現れているのが、スクールカーストと呼ばれる現象だ。これに関しては、教育社会学者の鈴木翔がまとまった本を書いている。その中で、鈴木はスクールカーストを次のように定義づけている。


クラスメイトのそれぞれが「ランク」付けされている状況。これはメディアや教育評論家の間で「スクールカースト」と呼ばれています。インドの伝統的な身分制度になぞらえて「カースト」。さらに学校特有のものだから「スクールカースト」。この言葉は、僕が考えた言葉ではないのですが、初めて聞いたとき、うまい言葉を作るものだなあとすごく感心しました。*13

では、この「クラスメイトのそれぞれが『ランク』付けされている状況」というものがどうして、忘却の穴と絡むのか。それは、このランクづけが単なるランクづけではなく、ランクの下位階層に対する排除圧力が内包されているからである。つまり、ある階層（以下）の人間をつまはじきにしていく傾向、そしてそれが、ある場合にはいじめにつながっていくという側面があるというのだ。

この点と関って興味深いのは、日本でのいじめが海外に比べると教室内で起こることが多いという指摘がなされている点である。その理由として鈴木は、社会学者、内藤朝雄の研究を参照しつつ、日本の「いじめ」の主流が「コミュニケーション操作系」の「いじめ」である点に注目する。鈴木は以下のように説明する。

「暴力系のいじめ」というのは、文字どおり「殴る蹴る」や「金銭を脅し取る」などの身体的な攻撃を与えるような「いじめ」です。一方、「コミュニケーション操作系のいじめ」というのは、いわば「シカト」や「悪い噂を流布させる」といった、「被害者」の学校生活でのコミュニケーションのあり方を制限させるような「いじめ」です。*14

そして、このコミュニケーション操作系のいじめというものが、本項冒頭に挙げた、ある階層（以下）の人間をつまはじきにして、忘却の穴に落としていくという構造と非常に近似しているということができる。

既に見たとおり、アレントの分析によれば、一九世紀的な国民国家システムは国民を自らの国の外に追い出してしまう契機をも内包させていた。そしてこの追放、難民化の契機が全面化していくのが、二〇世紀の全体主義であった。さらに、国民国家システムの形成の重要なメルクマールに、義務教育制度（国民教育制度）の確立があった。そうだとすれば、一九世紀の国民教育制度として成立した学校教育の中に、追放、難民化の契機が内包されていたとしても、あながち的外れとはいえない。まさに、そうした学校教育における追放、難民化の契機が、現代のスクールカースト的な状況において全面化しているとみることはできないだろうか。その意味でも、鈴木が描写する近年のスクールカースト的状況は、忘却の穴問題と密接に関連しているといえよう。

スクールカースト小説にみられる「忘却の穴」

ここで、スクールカーストを描いた小説に注目してみよう。現代のスクールカーストを扱っている小説として、二〇〇四年に芥川賞を一九歳という若さ（同賞の最年少記録）で受賞した綿矢りさの

『蹴りたい背中』、そして二〇〇九年、やはり二〇歳という若さで小説すばる新人賞を受賞しデビューした朝井リョウの『桐島、部活やめるってよ』、この二冊を取り上げたい。

『蹴りたい背中』には、以下のような叙述がある。

高校に入学してからまだ二ヶ月しか経っていないこの六月の時点で、クラスの交友関係を相関図にして書けるのは、きっと私くらいだろう。当の自分は相関図の枠外にいるというのに。唯一の頼みの綱だった絹代にも見捨てられ、誰か余っている人いませんか、と聞かれて手を挙げた、あのみじめさ。せめて口で返事すればよかった。目をぎょろつかせながら、無言で、顔の高さまで挙手した私は妖怪じみていただろう。もうひとりの余り者も同じ卑屈な手の挙げ方をしていて、やるせなかった。この挙手で、クラスで友達がまだ出来ていないのは私とそのもう一人の男子、にな川だけだということが明白になった。*15

ここでは二つのことが言われている。ひとつは、自分自身がクラスの人間関係の相関図の枠外にいることを自分で認識しているということ。そしてもうひとつは、頼みの綱だった中学時代の親友、絹代から見捨てられているということ。見捨てられている、つまり人間関係からはじかれているとしても、それは必ずしもいじめとは限らない。見捨てられているだけであって、いじめではなくごく自然な流れなのだと、独白している。スクールカーストの下位に位置している。

人数の関係で私とにな川を班に入れざるを得なくなった女子三人組は、まるで当然というふうに、余り物の華奢な木製の椅子を私とにな川にあてがった。あてがったというよりも、スムーズに私たちの所まで流れてきた、という方が正しい。余り者には余り物がしっくりくるのだ。いじめじゃない、ごく自然なことなんだ、似合うから、しっくりくるから、しようがないんだ。[*16]

私も、にな川も、けっして、いじめられているわけではないが、人間関係からはじかれて、ある意味で見捨てられ、余り物になり、忘れられている。つまり、忘却の穴に落ちてしまった、そういう存在として自己認識され描かれている。

実は、この「見捨てられている」というあり方は、アレントが難民を生み出す全体主義がもたらした帰結として、最も重視している点であった。

見捨てられていること（Verlassenheit, loneliness）が生ずるのは、どのような個人的な理由によるのであれ一人の人間がこの世界から追い出されたとき、もしくはどんな歴史的・政治的な理由によるのであれ人間がともに住んでいるこの世界が分裂し、たがいに結ばれ合った人間たちが突然自分自身に押返されたときである。[*17]

難民化、忘却の穴への転落、そして見捨てられていること、これらはアレントにおいて、全体主義の運動がもたらす一連の帰結として密接に結びついている。そしてスクールカーストという現象は、そうした難民化のメカニズムが、学校の教室という空間において日常的な現象として残り続け、一般化していることを示すものである。このようなスクールカーストが、日本の学校における教室空間の特徴として前面に出てきたのが二〇〇〇年代だったといえるだろう。この小説は二〇〇三年に文芸誌、文藝春秋で発表されているが、このような時代背景を考えるとスクールカースト小説としては先駆的なものといえるだろう。

そして、その状況が、よりはっきりと、描かれたのが『桐島、部活やめるってよ』においてである。たとえば、スクールカーストの下位に位置づけられている映画部の生徒たち、彼らの作った映画が映画甲子園という高校生の映画コンクールの審査員特別賞を受賞し、朝礼の場で校長から表彰される場面が、映画部の部員である前田涼也の視点から、次のように描かれている。

僕はそこでとても嫌な予感がした。背中にそっと細い氷を差し込まれたようで、できるならばもう表彰状を受け取って降壇してしまいたかった。

「……の栄誉を讃えここに賞します。作品タイトル、『陽炎〜いつまでも君を待つ〜』おめでとう！」

いっそ笑い声が起こったほうがよかった。何人かの噴き出しと不穏なざわめきが波のように迫ってきた。タイトルやべー、という男子の声は聞こえた。それだけははっきりと聞こえた。きっと武文にも聞こえているはずだ。隣では、武文が大きめの学生服のすそを、ぎゅ、と強く握りしめているのが見えた。自分のてのひらに爪が食い込んでいることを、僕はそのとき気づいた。*18

壇上で表彰されているのに、そこから逃げ出したいという複雑な感情、何がそうさせているのか。その理由が、上記の引用の少し前に描かれている。

高校って、生徒がランク付けされる。なぜか、それは全員の意見が一致する。英語とか国語ではわけわかんない答えを連発するヤツでも、ランク付けだけは間違わない。大きく分けると目立つ人と目立たない人。運動部と文化部。

上か下か。

目立つ人は目立つ人と仲良くなり、目立たない人は目立たない人と仲良くなる。目立つ人は同じ制服でもかっこよく着られるし、髪の毛だって凝っていいし、染めていいし、大きな声で話していいし笑っていいし行事でも騒いでいい。目立たない人は、全部だめだ。

この判断だけは誰も間違わない。どれだけテストで間違いを連発するような馬鹿でも、この選択は誤らない。

なんでだろうなんでだろう、なんて言いながら、僕は全部自分で決めて、自分で勝手に立場をわきまえている。

僕はそういう人間だ。そういう人間になってしまったんだ。*19


つまりスクールカーストが下であるという事実が公衆の前で露になるという恐れ、この恐れが、前田涼也の逃げ出したいという気持ちに拍車をかける。この小説が興味深いのは、スクールカーストの上の人間から、下位、つまり映画部の人間がどう見えているかが、対比的に描かれている点である。同じ表彰式の場面は、カースト最上位に位置する菊池宏樹の視点からは、次のように描かれている。


校長はぐるりとこちらに背を向けて、短い腕でステージの上にいる生徒を指し示しながら順番に紹介していく。男子バレーボール部、あ、やっぱ桐島がいねえ。代わりに孝介と、なんかちっさな奴がいる。女子バレーボール部、ソフトボール部、ブラスバンド部、卓球部、映画部。映画部？

「孝介が部長代わりになっとるやん、つーか最後の方やべー」

親が買ってきた大きめの制服そのまますっぽり着とるみてえ、と竜汰は笑う。確かに卓球部の女子ふたりもスカートが靴下と繋がりそうだし、映画部の男子ふたりも、って、あれ、あいつらは同じクラスにいる気がする。確かいつもふたりでよくわからない映画雑誌かなんか眺めてたっぽいけど、映画部だったんだ、っつうか映画部なんてあったんだ。[*20]

同じクラスにいる「気がする」。

っつうか映画部なんて「あったんだ」。

カーストの上位から見れば映画部は存在していない。映画部という存在自体が記憶されていない、見捨てられているのだ。存在が忘却される穴、そしてその穴に落ち込んでいく存在、さらにそのことが公衆に晒されている象徴的シーンだ。このようにみていくと、スクールカースト問題はまさに、難民化している生徒の存在を照射しているといえるだろう。

忘却の穴に落ち込んでいく状況、そして周りから見捨てられている状況は、狭い意味での歴史的、政治的な問題であるばかりではなく、現代の私たちの日常生活、学校教育の場に侵入してきていることがはっきりわかる。

だからこそ、全体主義の克服をめざして書かれた『人間の条件』を私たちが読む今日的な意味もあるのだ。

2　公共性の模索：忘却の穴を回避するために

公共性とは、組織された記憶のことである

「忘却の穴」、「見捨てられていること」という概念を用いて、『全体主義の起原』において全体主義の特徴を指摘したアレントは、次に、人びとがそういう「忘却の穴」に落ち込まないような社会や世界のあり方、そしてそれがいかにして、どういう条件のもとで可能なのかをとことん考えた。これこそ、アレントの次の著作になる『人間の条件』の大きな課題だった。

そして今日、私たちが『人間の条件』を読むことは「全体主義の克服という課題」を現代的に敷衍しつつ、今日的にいえばスクールカースト問題に象徴されるような、現代における難民化状況をどう乗り越えていけるのかを考えるうえでも、てがかりを提供してくれるのではないだろうか。

忘却の穴を乗り越えるうえでアレントが参照したのは、古代ギリシアで市民が直接民主主義によって政治に参加していた世界であった。そこでは、ポリス（都市国家）を公共性の単位とした政治が行われていた。『人間の条件』でアレントが公共性をどのようにとらえているか、まずはその点から確認しておきたい。

アレントは「『公的』という用語は、密接に関連してはいるが完全に同じではないある二つの現象を意味している」といい、第一の意味については、以下のように述べる。

第一にそれは、公に現われるものはすべて、万人によって見られ、聞かれ、可能な限り最も広く公示されるということを意味する。私たちにとっては、現われがリアリティを形成する。この現われというのは、他人によっても私たちによっても、見られ、聞かれるなにものかである。見られ、聞かれるものから生まれるリアリティにくらべると、内奥の生活の最も大きな力、たとえば、魂の情熱、精神の思想、感覚の喜びのようなものでさえ、それらが、いわば公的な現われに適合するように一つの形に転形され、非私人化され、非個人化されない限りは、不確かで、影のような類いの存在にすぎない。*21

ここでアレントはまず、現れ（appearance）が公共性を考えるときに重要視されなくてはいけない要素だといっている。つまり、公的に現れて、「他人によっても私たちによっても、見られ、聞かれる」ということが、公共性の要件としてとらえられている。それは、公的に現れることこそが、忘却の穴に落ちこまないための条件となるからである。

次に、公共性の第二の意味として、以下のように述べる。

第二に、「公的」という用語は、世界そのものを意味している。なぜなら、世界とは、私たちすべての者に共通するものであり、私たちが私的に所有している場所とは異なるからである。しかし、ここでいう世界とは地球とか自然のことではない。地球とか自然は、人びとがその中を動き、有機的生命の一般的条件となっている限定的な空間にすぎない。むしろ、ここでいう世界は、人間の工作物や人間の手が作った製作物に結びついており、さらに、この人工的な世界に共生している人びとの間で進行する事象に結びついている。世界の中に共生するというのは、本質的には、ちょうど、テーブルがその周りに坐っている人びとの真中に位置しているように、事物の世界がそれを共有している人びとの真中（between）にあるということを意味する。つまり、世界は、すべての介在者（in-between）と同じように、人びとを結びつけると同時に人びとを分離させている。*22

この、公共性の第二の意味は、共に生きている複数の人々の間で（between）進行する事象を示している。つまり複数の人々がそこにいて、そこで何かが進行する、そしてそれによって、「人びとを結びつけると同時に人びとを分離させている」、そういう世界そのものなのだとアレントはとらえる。これも、公共性を考える際に重要なポイントになる。

この二つの公共性の意味を実現するための、制度的な、かつ組織的な空間として登場するのが古代ギリシアのポリスにほかならない。

アレントが考える前述の公共性の二つの特徴が実現されるためには、「たとえ、活動者の存在が束の間のものであり、その偉大さが過ぎ去ってゆくものである」としても、「活動した人びとが自分たちの行なった善い行為や悪い行為を、詩人たちの援助を受けることなく、永遠に記憶に留め、現在と将来にわたって称賛を呼びさます」ことが可能になるような空間が必要なのである。古代ギリシアのポリスはそのような空間であり、その意味で、それは「一種の組織された記憶」なのだと、アレントは述べる。

ポリスという組織は、物理的にはその周りを城壁で守られ、外形的にはその法律によって保証されているが、後続する世代がそれを見分けがつかないほど変えてしまわない限りは、一種の組織された記憶である。[*23]

忘却の穴に落ちこまないために、人々の間で忘却されることなく、人々の間に現れることが可能になるためには、組織された記憶の場所が必要であり、それこそがまさにポリスなのだ。そのようなポリスが存在したのは、古代ギリシアに固有の特徴であり、だからこそ、古代ギリシアは公共性や政治の原イメージを形成し得たと、アレントは考えた。

しかしこの古代ギリシアのポリス的経験は、古代ギリシアの滅亡と共に完全に失われたわけではなく、何らかの形で受け継がれてきている面がある。だからこそ、今日、アレントの公共性論が読み直される意義がある。

アレントの公共性を、現代的視点で考える

アレントがいう「現れ」としてのポリス的公共性を、現代的な視点から具体的にイメージしてみよう。現代においても、人々の前に自らの姿を現し、万人に見られることを特徴とする演劇や歌などのパフォーマンス芸術、あるいは競技場で観戦されるスポーツなどは、ポリス的公共性のイメージに近い面がある。しかし、公共性の第一のポイントである、「公に現われるものはすべて、万人によって見られ、聞かれ、可能な限り最も広く公示される」という特徴と照らし合わせると、パフォーマンス芸術やスポーツとポリス的公共性とは、少し違う面もある。

パフォーマンス芸術やスポーツは、そういうものを愛好している特定の人たちには共有されているかもしれないが、万人と関わっているわけではない。公共性を備えるためには、万人に開かれる必要がある。その意味では、芸術やスポーツ的な面だけではなく、ある種の政治性を備えることが求められる。

では、ここでいう政治性とは何だろうか。政治をすべての人間に共通に関わる事象ととらえるとすると、たとえば今日的にいえば選挙などで争点になる問題、エネルギー問題や経済問題、外交問題、そういった問題に関ってはじめて、政治性を持つということになる。

この政治性という視点を学校の場に向ければ、たとえば生徒総会などでおこなわれる議論は、学校内の政治となるだろう。そういうところで生徒が対等な立場で発言し、議論する、そういう場があれば学校の中にはポリス的なものがあるといえる。

学校は、公教育、つまり公共的な教育を行う場である。そうだとすれば、学校こそが、アレントがいう意味での「万人によって見られ、聞かれ、可能な限り最も広く公示される」という条件を備え、それだからこそ「忘却の穴」を回避することがもっとも求められるべき場所ともいえる。しかしながら実際の学校はむしろ逆に、ある種の「忘却の穴」に満ちた生きにくい場所になってしまっている面があるとしたら、それはなぜなのだろうか。

この点は、とりあえずここでは問いとして提出しておくにとどめ、第4章であらためて回収していくことにしたい。

3 「忘却の穴」論争再考：記憶の政治学をめぐって

本章では、アレントが『全体主義の起原』を書き終えた後、『人間の条件』に取り組んだ背景に難民化、見捨てられること、そして「忘却の穴」問題の克服という点があることに注目して、それを現代の教育問題にもひきつけながら検討を行ってきた。この忘却の穴問題については、日本でも、一九九〇年代に『全体主義の起原』と『人間の条件』との関係をどう見るかという点ともリンクしながら、論争がなされたことがある。本章の最後にこの論争を取り上げ、検討したい。

記憶とアイデンティティ

一九九〇年代の日本で「忘却の穴」論争が起きた大きな背景としてあるのが、一九八九年の東西冷戦の終結だ。

冷戦の時代は、政治がイデオロギー対立の影響を強く受けていた。すなわち、「右か？　左か？」、「資本主義か？　社会主義か？」、「資本主義に賛成か？　反対か？」等々。そのような状況の中で、アレントのように「資本主義も社会主義も批判する」、「マルクスを批判するが、ベトナム戦争には反対」などの主張は、冷戦時代の二項対立的な枠組みの中ではわかりにくい思想として受け止められた。しかし、冷戦が終結して、左右のイデオロギー対立に以前ほどの影響力がなくなってくると、俄然脚光を浴びたのだ。

もうひとつアレントが注目されたのは、冷戦終結以降、過去についての公共的記憶の問題が、われわれの歴史意識のありようにあらためて問い直しを迫るものとして、立ち現れてきたことも大きな理由だろう。過去の戦争についての記憶の問題が議論として争われたのは何も今に始まったことではない。しかしながら、冷戦終結以後の公共的意味空間の変容の中で、記憶の公共化をめぐる論争状況は、冷戦の時代までとは異なるある特有の様相を呈してきた。それは、過去の記憶をある集団が共有し、それによってアイデンティティを共有することが、冷戦の終結以降、それまで忘却され封殺されてきた様々なアイデンティティを表現する装置として機能し始めたことにも、示されている。

そうしたアイデンティティの中には、アジアやユダヤ、パレスチナ、あるいは女性のような自己定義を奪われてきたマイノリティのそれだけではなく、冷戦構造の中で一旦は葬り去られたナチスのようなイデオロギーも含まれている。いずれにせよいえることは、過去の記憶が、ある種の共同体を復興させようとする意図と結びつく形で語られるようになったという点である。すなわち、記憶の問題が、共同体におけるアイデンティティの形成や共有の課題と密接に関わって議論されるようになった。

一九九四年の「忘却の穴」論争

記憶の表象が共同体のアイデンティティ形成と結びつくことによってもたらされるひとつの問題を典型的な形で示したのが、ナチスによるユダヤ人の大量虐殺（ホロコースト）の記憶をめぐってなされた論争である。この論争のきっかけになったのが、ホロコーストを扱った二本の映画である。

まず一本目は、スティーブン・スピルバーグ監督の「シンドラーのリスト」だ。制作は一九九三年だが、日本での公開はパレスチナをめぐる中東和平が盛り上がった一九九四年である。内容は、第二次世界大戦時、ナチス党政権下のドイツにおけるユダヤ人の大量虐殺（ホロコースト）が荒れ狂う中、当初は戦争を利用し事業の拡大をもくろんだドイツ人実業家のオスカー・シンドラーが、心変わりして、最後には一一〇〇人以上ものユダヤ人の命を救った実話にもとづいたもので、ホロコーストに関する代表的映画とされている。事実、アカデミー賞では一二部門にノミネートされ、そのうち作品賞、監督賞、脚色賞、撮影賞、編集賞、美術賞、作曲賞の七部門で受賞している。

しかしこの映画には批判も多い。特に、実際にホロコーストを生き抜いたユダヤ人が、シンドラーの墓を訪れ演じた役者と一緒に花を手向けるというラスト・シーンの演出がイスラエル美化、もしくはそれを示唆する終わり方をしていたということで論争になった。

一方、ホロコーストの大量虐殺の問題を、これと異なる視点で描き出し、対比的に取り上げられたのがフランス人映画監督であるクロード・ランズマンの「ショアー」という映画だ。この作品は「シンドラーのリスト」とは違い、ユダヤ民族、イスラエル国家の賛美をまったく行わずに、また当時の映像を使うこともせず、ただホロコーストの犠牲にあった人たち（生存者、目撃者）、そしてそれを傍観していたポーランド市民、さらにゲシュタポや元SS（ヒトラー親衛隊）らの証言と語りで構成している映画で全編は九時間半に及ぶ。そのインタビューは、ランズマン監督自身が行っており、一一年の時間をかけて作られ一九八五年に発表された。日本での上映は一九九五年だ。スピルバーグの映画と違い、「忘却の穴」に落ちていった人たちの証言や語りを歴史の記憶に残すときの残し方において、民族や国家に括り付けられない証言、記憶の残し方もあるのではないか、そういう問題提起を、この映画は行った。

この二つの映画の対比と重ね合わせながら、アレントの『人間の条件』をどう評価するかということで、一九九四年に雑誌『現代思想』の誌上で、岩崎稔と高橋哲哉という二人の思想家の間で議論がなされた。両者の間でひとつの論点となったのが、まさに本章が検討してきた「忘却の穴」の克服をめぐる問題であった。

前節で詳細に検討したように、アレントは『人間の条件』で公共空間を「組織された記憶」としてとらえ、記憶の表象と公共的意味空間の編成のされ方を密接に結びつけて議論した。その背景には、一九五一年の『全体主義の起原』で展開した「忘却の穴」からの脱出というモチーフがあったことは、すでに見たとおりである。この点を、あらためて敷衍しつつ確認しておけば、以下のとおりである。

すなわち、アレントは、『全体主義の起原』でホロコーストの本質をマイノリティの政治的存在性の「忘却」という点に見い出し、それを全体主義のひとつの特徴として把握した。そして、このような全体主義を克服するためのシステムとして、『人間の条件』において、異質で多様な人々の存在性が露になり、それを見、聞き、記憶する他人の存在を前提にするような公共的な空間の形成を構想した。そこで彼女の念頭にあったのは、古代ギリシアのポリスを範例とした、その人の生が物語として人々の記憶にとどめられるような英雄たちによって構成される言論の空間であった。

ここで問題となるのは、アレントが構想する前述したような公共的意味空間の創設という課題が、果たして『シンドラーのリスト』に対する批判として出されたような、ある特定の共同体のアイデンティティの称揚になってしまうのか、それとも、それに還元されない、多様な声の競合を記憶にとどめる空間のための条件を示し得ているのか、という点である。論争はまさにこの点に関わって展開された。岩崎稔はアレントの思想の中に、「シンドラーのリスト」によって紡ぎ出される同質的な国民国家称揚の物語とは別の可能性を読み取る。

《記憶》、《国民国家》、《人種主義》というこの連関をずらしていくところに、そして《記憶》をこの概念の布置連関の外へと解放していく可能性を模索したところに、アーレントの政治的なるものの概念の固有性があった。[*24]

岩崎からすれば、同質的な国民国家をただ称揚するものではない、それが『人間の条件』の中心をなすモチーフである。他方、高橋哲哉はこのアレントの構想に対して、次のような疑問を呈する。

それにしても、栄光、偉業、不死の名声、英雄、アイデンティティの暴露、等々——これらの要素が、〈アウシュヴィッツ〉をはじめとする「出来事の消失の出来事」にとってまったく対極にあるものだということを、いったいだれが否定しうるだろうか。これらの要素をもつ物語に「範例的意味」を与える〈記憶〉論が、〈記憶されえぬものの記憶〉の要請にどうして適切に応えることができようか。[*25]

ここでの岩崎と高橋の論点をあらためて確認しておこう。

岩崎によれば、アレントの公的空間論は、同質的な国民国家の境界線をずらし、異質で多様な

「複数性」が競合し合う関係性を創出するべく構想されたものであった。岩崎はそこに、ある特定のアイデンティティの称揚には還元されない複数の「記憶のポリティクス」がせめぎ合う「アリーナ」[*26]の形成可能性を読みこむ。

これに対して、高橋によれば、アレントにおいてはそうしたアリーナ自体が、古代ギリシアの都市国家（ポリス）というきわめて閉鎖的な英雄たちの共同体の論理によって基礎づけられてしまっているのではないかという。だとすれば、「ギリシア的〈記憶〉に依拠して近代的〈記憶〉を批判しようとする戦略は大きな難点をもつことになろう[*27]」というのである。

高橋は、ギリシア的な公共性を持ち出してくる以上、そこには英雄主義、不死の名声はぬぐいさりがたく生じてくるので、それが記憶されえぬものの記憶——つまり映画「ショアー」でランズマン監督が追求しようとしていたもの——、当事者の語りや証言になっているかといえば疑問であり、アレントの議論をそこまで高く持ち上げることはできないと疑問符を付ける。

記憶の政治学をめぐるジレンマ

この両者の論争は、記憶のポリティクスをめぐるあるジレンマを象徴的な形で表現している。すなわち、記憶というものを、特定の共同体的アイデンティティの称揚に還元しないために複数の異質な記憶が競合する公共空間として構想したとしても、そうした公共空間それ自体がある種のアイデンティティの共有にもとづく閉鎖的な共同体に転化してしまうというジレンマである。

それではこのようなジレンマから抜け出る道はあるのだろうか。ここで注目しておきたいのは、アレント自身の思想の中に、そのヒントを見い出すことができるのではないかという点である。それは、古代ギリシアの英雄物語とは別の系譜で彼女が持ち出してくる議論である。すなわち、彼女は『人間の条件』で、出生によって世界に新しく参入する新参者に言及している。

人間事象の領域である世界は、そのまま放置すれば「自然に」破滅する。それを救う奇跡というのは、究極的には、人間の出生という事実であり、活動の能力も存在論的にはこの出生にもとづいている。いいかえれば、それは、新しい人びとの誕生であり、新しい始まりであり、人びとが誕生したことによって行ないうる活動である。この能力が完全に経験されて初めて、人間事象に信仰と希望が与えられる。ついでにいえば、この信仰と希望という、人間存在に本質的な二つの特徴は、古代ギリシア人がまったく無視したものである。*28

そしてこの新参者を彼女は、公的世界の複数性が維持されるための条件として重視している。このような出生（natality）による世界更新という把握は、アレント自身がいうように「古代ギリシア人がまったく無視したもの」であり、彼女の思想のユダヤ的性格に由来するものでもあると考えられる。それは、世界に新しくやってくる存在――単に生物学的に生まれるというよりも、むしろ存在論的な概念といってもいい。世界の中に新人として、招き入れられるという点への着目である。

そしてこの点に、彼女の公的空間論を単なる古代ギリシアの英雄物語に還元しないためのひとつの鍵が隠されているのではないかと思われる。この点もここではとりあえずの頭出しにしておいて、詳しくは、本書の第5章であらためて触れることにしたい。

＊1 アーレント、マッカーシー『アーレント＝マッカーシー往復書簡』、五一－六五ページ
＊2 『アーレント＝マッカーシー往復書簡』、八四ページ
＊3 『全体主義の起原』は一九五一年に英語で出版された（Arendt, H. 1973 *The Origins of Totalitarianism*, A Harvest/HBJ Book, first published in 1951）。その後、一九五四年九月一六日付けのメアリー・マッカーシーとの書簡（前述）にも書かれていたように、一九五五年にアレント自身によって、少なくない加筆修正がなされて、ドイツ語に翻訳された（Arendt.H., 2003 *Elemente und Ursprünge totaler Herrschaft*, Piper Verlag Gmbh）。日本語版はこのドイツ語版を底本としている。
＊4 難民に対応する英語はdisplaced persons, refugeesである。『全体主義の起原』の邦訳では、displaced personsを難民、refugeeを亡命者と訳しているが、refugee（ドイツ語のFlüchtling）を難民・亡命者と訳している箇所もある。
＊5 アレント、『全体主義の起原2』、二五一ページ
＊6 藤田省三、『全体主義の時代経験』、一八－一九ページ
＊7 『全体主義の時代経験』、二〇ページ
＊8 川崎修、『アレント』三五四ページ
＊9 小玉重夫、「近代学校と義務教育」、『教育史入門』
＊10 雨宮処凛『生きさせろ！　難民化する若者たち』、二七二－二七三ページ。若者の社会的排除の問題に先駆的にアプローチした著作として、本田由紀・内藤朝雄・後藤和智『「ニート」って言うな！』も重要。また、難民問題の現代的意味を理論的に深めた著作としては、市野川容孝・小森陽一『思考のフロンティア　難民』がある。
＊11 『生きさせろ！　難民化する若者たち』、二七三ページ
＊12 『全体主義の起原3』、二二四ページ
＊13 鈴木翔、『教室内カースト』、二七－二八ページ
＊14 『教室内カースト』、五五ページ
＊15 綿矢りさ、『蹴りたい背中』、四－五ページ

＊16『蹴りたい背中』、五ページ
＊17 アレント、『全体主義の起原3』、二九九ページ
＊18 朝井リョウ、『桐島、部活やめるってよ』、九一－九二ページ
＊19『桐島、部活やめるってよ』、八九－九〇ページ
＊20『桐島、部活やめるってよ』、一八二ページ
＊21 アレント、『人間の条件』、七五ページ
＊22『人間の条件』、七八－七九ページ
＊23『人間の条件』、三一八－三一九ページ
＊24 岩崎稔、「防衛機制としての物語――『シンドラーのリスト』と記憶のポリティクス」『現代思想』第二二巻八号、一八七ページ
＊25 高橋哲哉、「アーレントは〈忘却の穴〉を記憶したか――岩崎稔氏に応える」『現代思想』第二二巻一二号、四〇ページ。「忘却の穴」問題を高橋が論じた著作としては、高橋哲哉『記憶のエチカ』を参照。
＊26「防衛機制としての物語――『シンドラーのリスト』と記憶のポリティクス」『現代思想』第二二巻八号、一八八ページ
＊27「アーレントは〈忘却の穴〉を記憶したか――岩崎稔氏に応える」『現代思想』第二二巻一二号、四一ページ
＊28『人間の条件』、三八五－三八六ページ

第2章

退きこもりの政治性：人間の思考活動

第1章で挙げた「忘却の穴」を回避するためにアレントが
『人間の条件』において想定したのが、
人間の2つの活動様式——思考活動と政治活動——である。
ここから2つの章でそれを取り上げていくが、まず本章では、
思考活動に関して取り上げる。最初に『人間の条件』につながる
重要な水路であるアレントのマルクス批判を検討するが、
それは「余暇の捉え直し」「退きこもりの政治性」など
本書の核心のひとつといっていいテーマ
——それは一見ネガティブではあるが大きな可能性を孕んでいる——
に流れ込んでいく。

1　アレントがマルクス研究に取り組んだ背景

人間の思考活動への注目

第1章の冒頭で触れたように、『全体主義の起原』刊行後、アレントは共産主義とその思想的な基盤であるマルクス主義を、正面から批判の俎上に載せようとし、カール・マルクス研究に取りかかる。*1 そしてそれが、『人間の条件』の執筆に結びついていく。アレントはどのようにマルクスを読み、批判しようとしたのか。これは第1章で検討した忘却の穴の問題と共に、『人間の条件』の背景をとらえるうえで重要な論点である。本章では、この点を取り上げることとしたい。

結論をやや先取りしていえば、アレントはマルクス批判を通じて、哲学と政治の関係、言い換えれば、人間の思考活動と政治活動の関係をとらえ直そうとした。合わせて、人間の思考活動が展開される場である余暇の問題についても、独自の知見を打ち立てようとした。

ただし、この思考活動は、『人間の条件』では、以下で述べられているように、必ずしもメインのテーマとして扱われているわけではない。

「私たちが行なっていること」こそ、実際、この本の中心的なテーマである。本書は、人間の条件の最も基本的な要素を明確にすること、すなわち、伝統的にも今日の意見によっても、すべての人間存在の範囲内にあるいくつかの活動力だけを扱う。このため、あるいはその他の理由で、人間がもっている最高の、そしておそらくは最も純粋な活動力、すなわち考えるという活動力は、本書の考察の対象とはしない。したがって、理論上の問題として、本書は、労働、仕事、活動に関する議論に限定され、これが本書の三つの主要な章を形成する。*2

ここで述べられているように、『人間の条件』では人間の活動は大きく二つに分類されている。一つは「考える」という人間の思考活動であり、もう一つは、「私たちが行っていること」、具体的には労働（labor）、仕事（work）、活動—政治活動（action）である。『人間の条件』はこのうち、後者の労働、仕事、活動（これらを総称して活動的生活と呼ぶ）を主要に扱っている。だが、「考える」という人間の思考活動について『人間の条件』でまったく扱っていないわけではなく、むしろ、労働、仕事、活動の「活動的生活」を扱ううえでの前提問題として、きわめて重要視されている。そしてこの人間の思考活動についての位置づけこそ、アレントがマルクス研究を通じて問題にしようとしたことだった。

そこで、この第2章では、アレントのマルクス論を参照しながら、まず人間の思考活動について論を進めて行きたい。そのうえで、次の第3章で、政治活動を含む活動的生活について検討する。

マルクス研究へのシフト

第1章でもみたように、アレントは『全体主義の起原』で二〇世紀の全体主義としてナチズムとスターリニズムを位置づけ、それを批判的に分析した。ただし、そこでの歴史分析の重点はあくまでもナチズムに置かれ、スターリニズムについては必ずしも十分な検討対象とはされておらず、その後の研究課題として残されることとなった。

そこでアレントは、この研究課題を果たすために、一九五二年度グッゲンハイム財団研究助成金への申請を行った。その申請書は、「マルクス主義の全体主義的要素」と題され[*3]、その中でアレントは、「『全体主義の起原』のもっとも重要な欠落は、ボルシェヴィズムのイデオロギー的背景についての適切な歴史的、概念的分析が欠けていたことである」とし、「この欠落を埋めること」が、本研究の課題であるとした。

ここでアレントが「ボルシェヴィズムのイデオロギー的背景」と述べていることについては、少し注釈が必要かもしれない。二〇世紀の全体主義の中でマルクスの思想が政治体制に結実した事例としてアレントが念頭に置いていたのは、ロシアだった。ロシア革命でソビエト連邦ができるプロセスには紆余曲折があった。当時のロシア革命の勢力は、レーニンが指導するボルシェヴィキと呼ばれる党派と、プレハーノフらのメンシェヴィキと呼ばれる党派が対立していた。

ロシアで革命が勃発した一九〇五年前後のころは、平等を追求する社会主義といってもいろいろな立場の人がいた。メンシェヴィキの中心的存在だったプレハーノフは、いろいろな考え方の人々が緩やかにつながっていこうという方針だった。それに対して、レーニンによるボルシェヴィキは、職業的な革命家を中心とした前衛党（後の共産党につながっていく）による指導を強調していた。結果的にはロシア革命によって作られた政権はボルシェヴィキが権力を掌握した。したがって、アレントはこの共産党になっていく前衛党の思想をボルシェヴィズムと呼んだのである。

アレントが、『全体主義の起原』から『人間の条件』までの一連の著作の中で分析対象として念頭に置いていた二つの体制はナチズムとスターリニズムだが、『全体主義の起原』ではどちらかといえばナチズムに焦点をあてているということは前述した。ナチは反ユダヤ主義と密接に関わっており、アレントは、それが「西欧の歴史の地下の潮流」に存在するもので、「西欧の偉大な政治的、哲学的伝統とはなんの結びつきもない」ものであるととらえた。それが後のナチズムにつながっていくとし、それを主要に分析したものが『全体主義の起原』だ。

それに対してスターリニズム、その背景のボルシェヴィズム、そしてそこからつながるソビエト連邦は、マルクス主義を背景に持っている。アレントは、このマルクス主義は、「背景に尊敬すべき伝統を持ち、その批判的検討のためには、西欧政治哲学の主要な教養の批判が要求される」ものであるととらえた。*4

このナチズムが「西欧の歴史の地下の潮流」に存在することと、スターリニズムやマルクス主義が「背景に尊敬すべき伝統」を持っていることとの違いは、両者を考えるときの実に重要かつ決定的な視点の差であるが、『全体主義の起原』で本格的に論じられることはなかった。このスターリニズムや共産主義が抱える思想的問題を明らかにするためには『全体主義の起原』とは違う方法論が必要である。それが、「西欧政治哲学の主要な教義の批判」であった。

したがって、『全体主義の起原』執筆後のアレントの研究は、全体主義の起原の解明という軸を保ちつつも、その力点を、「地下の潮流」の分析から、「西欧政治哲学の伝統」の批判へと、シフトさせようとしていた。[*5]

全体主義の起原としてのマルクス主義

以上のように、ハンナ・アレントが『人間の条件』を書くにあたって、カール・マルクスの思想をどういうふうにとらえるかということは重大問題であった。特に、その中の「全体主義的要素」を摘出することが執筆にあたっての正面から課題として挙げられている。

しかし、マルクス主義の「全体主義的要素」といっても、それが何を意味するのか、イメージがわかないという読者も多いのではないだろうか。そこで、アレント自身の議論に入る前に、たとえば日本の学校教育でマルクス主義がどういう意味を持っていたのかを、一つの作品を例として紹介しながら考えてみたい。

マルクスの思想は、簡単にいえば「人間の労働を基盤にしながら平等な社会を作っていくことがいかにして可能なのか」ということを徹底的に追求していったものである。「平等な社会を追求していく」という思想自体が学校教育と密接に絡み合うので、マルクス主義の思想と運動は日本の学校教育の実践の場にも大きな影響を与えてきた。

一九世紀から二〇世紀にかけて、世界各国で共産主義運動が盛り上がっていくときに、それに呼応する形で、学校教育の中にもマルクス主義の影響が浸透していった。日本でも、子どもの生活に密着した教育を教師が構想していく際に、マルクスの思想、中でも「労働と教育の結合」という考え方は非常に大きな影響を与えたといえるだろう。

そのような学校の現場からの報告として興味深いものに原武史の『滝山コミューン一九七四』がある。この著作は、自身が受けたマルクス主義の影響下の集団主義教育の経験をまとめたものだ。

一九六二年生まれの原は、一九六九年から一九七五年まで、小学校一年から中学校一年までの六年あまりを、東京都東久留米市（現在）の滝山団地という公団の団地で過ごし、東久留米市立第七小学校（七小）に通っていた。そして、この七小では教師がマルクス主義の強い影響を受けた集団主義教育の実践をしていた。原は勉強が比較的好きな子どもで成績も良く私立中学の受験をめざし四谷大塚という進学塾に通っていた。この当時から受験のために塾に通う子どもは増え始めてはきたが、原の通っていた小学校では必ずしも多数派ではなくクラスの中ではむしろ浮いた存在だったようだ。この七小の学校行事は、集団主義教育の影響下で、マルクス主義的な規律正しい集団行動をみんなで行ったり、マルクス主義的な歌を歌ったりしていたようで、原自身はそのようなことに反発を持ちながら小学校時代を過ごしていたようだ。

この著作の中で、原が同級生の子ども、児童会の役員から呼び出され「追求」を受ける場面がある。

その日、私は同じ班のメンバーと一緒に、割り当てられた音楽室の掃除をしていると、代表児童委員会副委員長の朝倉和人が来て、小会議室への出頭を命じられた。私はホウキをそこに置いたまま、音楽室があった本校舎三階の西端から、小会議室があった南校舎の二階まで、朝倉に連行された。

私はついに来るべきものが来たと覚悟し、特に抵抗することもなく、比較的冷静であった。

(中略)

朝倉はまず、九月の代表児童委員会で秋季大運動会の企画立案を批判するなど、「民主的集団」を攪乱してきた私の「罪状」を次々と読み上げた。その上で、この場できちんと自己批判をするべきであると、例のよく通る声で主張した。*6

そして、原はこういった一連の集団主義教育が、自身にどういう意味を持っていたのかを、以下のように分析している。

私は当時の七小が、文部省の指導を仰ぐべき公立学校でありながら、国家権力を排除して児童を主人公とする民主的な学園を作ろうとした試みそのものを、決して全否定するものではない。それどころか、この希有といってよい体験から少なからぬ影響を受けていることを、いまの私はよく自覚している。

しかし、ここで問題にしたいのは、自らの教育行為そのものが、実はその理想に反して、近代天皇制やナチス・ドイツにも通じる権威主義をはらんでいることに対して何ら自覚をもたないまま、「民主主義」の名のもとに、「異質的なものの排除ないし絶滅」（カール・シュミット『現代議会主義の精神史的地位』）がなぜ公然と行われたのかである。それは、ナチス政権下の公法学者となったカール・シュミットと同じように、民主主義に対するきわめて一面的な理解に根差していたといえないだろうか。[*7]

ここで原が自分の経験に基づいて言っている「『民主主義』の名のもとに、『異質なものの排除ないし絶滅』がなぜ公然と行われたのか」ということの背景には、明らかに、アレントがいう「マルクス主義の全体主義的要素」に通じる問題が含まれている。[*8] そして、アレントはまさにこれと同じ問題を、『全体主義の起原』におけるスターリニズムの分析から発展させて、マルクスおよびマルクス主義との思想的な格闘を通じて探究しようとしたのである。

冷戦的思考からの脱却

アレントのマルクス批判を当時の時代状況の中で考えるうえで、もうひとつふまえておく必要があるのは、資本主義陣営と共産主義陣営が対立していた冷戦構造との関係である。

一九五〇年代のアメリカでは、反共攻撃としてのマッカーシズムという冷戦イデオロギーのもと、「反コミュニズムは進歩的なものであろうと、反動的なものであろうといっしょくたにされて、その信望を落とす結果を招いた」という状況が存在していた。[*9] つまり、マルクスおよびマルクス主義が、迫害と弾圧の対象となることによってある種の秘儀性とメシア性を獲得する一方で、マルクスおよびマルクス主義に対する批判は、「反動思想」「反共主義」のレッテルと共に迫害者の汚名を着せられるという複雑なねじれを孕んだ事態を生じさせていた。

それでは、マルクス主義が迫害と弾圧の対象となることによってある種の秘儀性とメシア性を獲得するとは、いったいどういうことか。

まず、秘儀性という言葉には少し説明を要するだろう。アレントと同様にドイツからアメリカに亡命した政治哲学者レオ・シュトラウスの言葉を引けば、哲学者や科学者は、自分たちの研究が社会、共同体との間でただならぬ緊張関係を持つことを強く自覚しているために、「秘儀的な教説（esoteric teaching）としての真の教説と、公儀的な教説（exoteric teaching）としての社会的に有用な教説とを区別するであろう」としている。そして、ここでいう「公儀的な教説」とは、「あらゆる読者に容易に近づきうるもの」であるのに対して、「秘儀的な教説」は、「非常に注意深いよく訓練の行き届いた読者が、長期にわたって精魂を傾けて研究を行った後になって、初めて明らかになってくるもの」であると説明している。[*10]

つまり、公儀とは、社会に対して学問の正当性を主張するために、「あらゆる読者に容易に近づきうる」仕方で公然と述べられる教説である。これに対して秘儀とは、学問・思想研究に従事する当事者内部で共有され、「非常に注意深いよく訓練の行き届いた読者」しか知ることのできない教説である。シュトラウスによれば、哲学者・思想家や科学者は、自分たちの思想や研究が社会、共同体との間でただならぬ緊張関係を持ち、時としてそれが迫害の対象にもなり得ることを強く自覚しているために、迫害からの抵抗・防衛を意図して、秘儀的な著述の技法を発展させたという。

アメリカや日本など、冷戦期の資本主義国家における共産主義、マルクス主義の思想もまた、迫害の対象になり得たのであり、そこから、秘儀的な著述の技法が発展していった。資本主義世界の中にいる人間の視点から見れば、共産主義や共産党にシンパシーを持つ人たちは、潜在的には資本主義体制を打倒しようという人たちであり、資本主義を守ろうとする人たちからは警戒され、弾圧や迫害の対象になっていく。共産主義、共産党にたいする警戒は、冷戦期の西側諸国（資本主義陣営）では常態であり、それは特にアメリカで強かった。これが、一九五〇年代のアメリカにおけるマッカーシズムと呼ばれた赤狩り（レッドパージ）の背景にあった。

日本でも、戦後、連合国軍占領下の一九五〇年に、GHQ総司令官ダグラス・マッカーサーの指令で、日本共産党の幹部が公職追放され、公務員や民間企業においても、日本共産党員とその支持者と判断された人びとが次々に退職させられた「赤狩り（レッドパージ）」の動きがあった。それは、学校教育の場面でいえば、教師の労働組合運動への弾圧という形で深刻な問題として表面化した。*11

このような状況の中で、弾圧する側と、弾圧される側の対立が表面化する。その場合、弾圧される側の方は、ある種のメシア性を帯びることがある。これは、キリスト教においてイエスが弾圧されることにより救世主としてのメシア性を帯びていくのと似たものがある。

西欧思想の歴史の中で、イエス・キリストとならんで、迫害の対象としてその後の歴史に重要な刻印をもたらしたのが、古代ギリシアのソクラテス学派である。ソクラテスは、ポリスで死刑にされてしまうのだが、その迫害された哲学者ソクラテスの遺志を継承しようとしたプラトンらの思想に、秘儀性を見て取ることができると、レオ・シュトラウスは述べている。

資本主義国家における冷戦的思考様式とは、共産主義に代表される進歩派の側にメシア性、秘儀性を想定し、それに対する批判は迫害、反動とみなすという、進歩と保守反動の二項対立図式に立脚したものだといえるだろう。

アレント自身、まさに同様のことを、「マルクスに賛成するものはみな進歩的とされ、マルクスに反対するものはみな反動的とされた」と述べる。[*12]

そうした状況の中で、アレントのマルクス研究がとった戦略は、マルクス批判を、西欧政治思想の伝統それ自体への批判にまで遡及させることによって、マルクス批判を単純な二項対立の冷戦的な思考様式に帰することから脱却しようという方向性にほかならなかった。

その際、アレントが特に注目したのは、哲学的思考と余暇の関係である。次節ではこの点を検討していきたい。

2 学校《スコレー》の起源：哲学的思考と余暇の位置づけ

哲学的思考の脱政治化

アレントにおいてマルクスは、一方における西欧政治思想の伝統の帰結としての位置と、他方における、伝統の崩壊と全体主義の到来を準備する位置という、二重の位置づけを付与されている。この二重の位置づけがもっとも端的に表れるのが、マルクスによるフォイエルバッハについての第一一テーゼ、「哲学者たちはただ世界をさまざまに解釈してきたにすぎない。肝腎なのは、世界を変革することである。[*13]」という把握である。

このテーゼに基づく自身の行動を、マルクスは以下のように著した。

フリードリヒ・エンゲルスとわたくしは、経済学的諸カテゴリーを批判したかれの天才的小論が（『独仏年誌』に）あらわれて以来、たえず手紙で思想の交換をつづけてきたが、かれは別の途をとおって（かれの『イギリスにおける労働者階級の状態』を参照）わたくしと同じ結論に到達していた。そして一八四五年の春、かれもまたブリュッセルに落ち着いたとき、われわれは、ドイツ哲学の観念論的見解に対立するわれわれの反対意見を共同でしあげること、実際にはわれわれ以前の哲学的意識を清算することを決心したのであった。この計画はヘーゲル以後の哲学の批判という形で遂行された。[14]

アレントは、このようなマルクスの「哲学的意識の清算」について、以下のように分析する。

われわれの目から見れば、マルクスは次のように言っているように見える。すなわち、哲学者たちが解釈してきた世界、最近の哲学者たちによって絶えず自己発展するものとして理解されてきた世界は、いまやその認識を超えつつある、さあ、いまこそ、この過程を手中におさめ、われわれの伝統に沿ってそれを変革しようではないか、と。マルクスは、伝統のもとで、つねに、われわれの伝統を、人間性の全体を代表する生き残った階級によって最終的に継承されるものとして理解していた。マルクス自身にとって、このことは、抗しがたい歴史の動きはいつの日か止まり、最後の決定的な変革が到来するやいなや、歴史の変化は完全に世界の外から支配可能なものとなるだろうということを意味した。[15]

つまりこういうことだ。アレントによれば、ここでは第一に、マルクスが「哲学の伝統」のもとで思考していることが示されている。「哲学の伝統」とは、プラトンとアリストテレスによって創始された「西欧の哲学の伝統」を指す。この伝統は、古代都市国家（ポリス）の終焉と共に、すなわち、「政治的なるものすべてが終焉し、政治の外部で生きることがいかにして可能かという問題が引き起こされたときに」始まった。

だが、もともとプラトン以前のソクラテスに代表されるギリシアの哲学的思考は、アレントによれば、「都市国家がすでに最高潮に達していたとき、あるいは、まさに最高潮に達しようというとき」に始まったものであった。それは、後に詳述するソクラテスにおいてそうであったように、都市国家の内部にあってその政治を活性化させようというモチーフをうちに含んで存在していた。

それに対して、プラトンとアリストテレスによって創始された「西欧の哲学の伝統」は、都市国家（ポリス）の興隆と密接に結びついていたギリシアの哲学的思考とは異なり、哲学的思考が都市国家との結びつきを絶たれ、ポリスの外に出ることを求められ、ポリスの外部の知として脱政治化していく過程で生じたものにほかならなかった。[*16] そしてそうした西欧哲学の伝統こそ、西欧政治思想の伝統でもあったと、アレントはみる。[*17] つまり、アレントにとってマルクスは、ポリスの終焉によって脱政治化された西欧哲学、西欧政治思想の伝統の帰結として位置づけられている。

しかしながら第二に、マルクスのこのテーゼは、マルクスの思考が反伝統的な性格のものであることをも示している。アレントは「労働」に注目して、以下のように述べる。

マルクスの教義の、真に反伝統的で、それまでに見られなかった側面は、彼が労働を賛美した点、哲学がその始まり以来つねに、わざわざ理解したり解釈したりする必要のない不適切な人間活動として見下してきた労働者階級と労働を、再評価した点にある。マルクスは、一九世紀の中心的な事件である労働の解放を哲学的な用語で真摯にとらえた一九世紀唯一の思想家である。今日のマルクスの影響が偉大であるのも、この事実のためであり、そのことはまた、かなりの程度、なぜ彼が全体主義支配のために役に立ち得たのかを説明するものである。その創設の当初から、みずからを労働者と農民の共和国と名のったソビエト連邦は、国内の労働者から、自由世界で享受するあらゆる権利を奪ったように思われる。だがそれでも、そのイデオロギーは、主要には労働者のためにつくられたイデオロギーなのであり、労働は、他のあらゆる人間の活動から区別された、自他共に認める唯一の特徴である最高の「価値」を保持し続けるのである。*18

前述したマルクスによる「哲学的意識の清算」という宣言は、アレントからみれば、プラトン以降の脱政治化されてきた哲学的思考が枠組みの次元ではそのまま継承されており、かつ、そうした脱政治化された思考枠組みが労働者階級にそのままの形で転化されることにより労働者の脱政治化をもたらすという意味において、いわば、二重の意味での脱政治化（哲学的思考の脱政治化と労働者の脱政治化）を意味した。つまり、プラトンにおいてポリスから追放された哲学者の使命が、マルクスにおいてはそのまま労働者階級に負わされたといえるだろう。

二重の意味での脱政治化

二重の意味での脱政治化ということを、少しかみくだいて述べてみよう。

ひとつめの哲学的思考の脱政治化は、ポリスの終焉と関わっている。それはどういうことかというえば、ポリスの外側で哲学をすることがポリスの中で政治をすることよりも重要だということをプラトンが言い始めたことだ。プラトンは、その師であるソクラテスの刑死を目の当たりにして、ポリスの中の政治、より大きな枠組みでいえば政治そのものを指導する哲学に政治より優先的な地位を見い出した。

プラトンの師ソクラテスは哲学的思考にもとづいて政治を疑った人だが、ポリスの民主主義（ポリス内の政治）を軽視したわけではなく、むしろそれを尊重しようとしていた。だからこそソクラテスはポリスに殉じるというあり方を貫くことで死んでしまった。プラトンをはじめそれを目の当たりにしたその後のソクラテス学派の哲学者は、ポリスの民主主義に殉ずるというソクラテス自身の態度の継承よりも、むしろポリスの外側で生きるということを選び、それがその後の哲学の主流になっていく。アレントは、まさにそうしたプラトン以後の哲学を、「政治的なるものすべてが終焉し、政治の外部で生きることがいかにして可能かという問題が引き起こされた」とき以来続く西欧哲学の伝統ととらえ、そこに、脱政治化された哲学のありようを見い出している。

マルクスにおいても、このポリスの終焉による脱政治化された哲学は引き継がれ、哲学が政治を指導するという枠組みが維持される。なおかつマルクスの重要性は、労働者というものの役割を非常に重んじていることだ。プラトンやソクラテスにおいては哲学者の役割を重んじていたが、マルクスは労働者こそが歴史の中心的な役割を果たすべきだと述べた。そこで、ふたつめの労働者の脱政治化という点につながる。すなわち、そこでのマルクスの言う労働者は、プラトンにおいて哲学者が担っていたものにかなり近かった。労働者こそが哲学の担い手であり、労働者が哲学者の使命を担う。そこで、労働者を啓蒙する前衛党（後の共産党）の位置づけは特権化され、その重要性が強調されていく。

この二重の脱政治化（哲学的思考の脱政治化と労働者の脱政治化）が、以降の全体主義の思想的脈絡を形成するものとしてとらえられる。

具体的には、労働者が政治参加の主体としてではなく、前衛党による指導の対象として位置づけられる点、そして、政治が一方において党官僚によるテクノクラート化し、他方では、迫害からの抵抗と防衛を企図した秘儀的な著述の技法が発展していく点などを挙げることができる。

そしてアレントはまさにそこを批判する。アレントによれば、マルクスにおいてプラトン以後の哲学の伝統は労働者階級に受け継がれ、温存されている。本当の意味で清算はされていない、と見るのである。

余暇の両義性

そこで、アレントは、プラトン以後の哲学的伝統をいったんリセットし、ソクラテスの段階にもどって、哲学的思考の再定義、もっといえば哲学的思考の再政治化を試みようとする。この哲学的思考の再定義とは、かつて「都市国家がすでに最高潮に達していたとき、あるいは、まさに最高潮に達しようというとき」[*19]に始まったプラトン以前の哲学的思考の系譜を、現代においてあらためて位置づけ直そうという作業にほかならない。一九五四年の草稿「哲学と政治」では、このことが下記のように示されている。

ソクラテスは、市民各自に彼らの真理を産出させる努力によって、都市をより真実なものたらしめようと願った。このことを遂行する方法が「問答法」、すなわち、最後まで論議し合う手法にほかならず、この問答法は、「偏見（ドクサ）」、つまりオピニオンを破壊することによって真理を生み出すのではなく、反対に「偏見（ドクサ）」をそれ自身の真実な姿において開示するのである。そこで哲学者の役割は、都市を支配することにあるのではなく、都市に対して虫のアブのようなノイズの役割を果たすことにこそある。[*20]

ここで「都市を支配する」ものとして想定されているのがプラトンであり、「都市に対してノイズの役割を果たす」ものとして想定されているのがソクラテスであることは明白である。つまり、アレントにおいて、古代の哲学的思考はきわめて両義的にとらえられていることがわかる。ひとつは、「政治的なるものすべてが終焉し、政治の外部で生きることがいかにして可能かという問題が引き起こされたときに」、プラトンによって創始され、マルクスに受け継がれた、「都市を支配する」哲学である。もうひとつは、プラトンより前の、ソクラテスによる「都市国家がすでに最高潮に達していたとき、あるいは、まさに最高潮に達しようというとき」に開花した、「都市に対して虫のアブのようなノイズの役割を果たす」哲学である。

このような哲学的思考の両義性は、一九五八年の『人間の条件』では、哲学的思考が展開される観照的生活の持つ両義性としてとらえられている。*21 このことは、観照的生活を可能にする自由時間、すなわち学校（school）の語源でもある余暇（skholē）に関する、以下のようなニュアンスの異なる二つの記述から、理解することができる。

しかし、このように観照が活動を含めてあらゆる種類の活動力に対して圧倒的な優位を占めたとしても、この優位はキリスト教にその起原があるのではない。すでにプラトンの政治哲学にそれが見えるのである。そこでは、ポリスの生活をユートピア的に再組織することが描かれ、それを全体として指導するのは、哲学者の優れた洞察である。それればかりか、ここで目的とされているのは、ただ、哲学者の生活様式を樹立することだけである。

（中略）

哲学者たちは、生活の必要物からの古代的自由や他人の強制力からの古代的自由につけ加えて、政治的活動力からの自由や政治的活動力の終焉（skholē）を主張したのである。*22

ここでは、アレントは余暇について、「ポリスの生活をユートピア的に再組織」し、「それを全体として指導する」ための「哲学者の生活様式を樹立する」ものであり、「政治的活動力からの自由や政治的活動力の終焉」を意味するものだと述べ、余暇はポリスの政治を支配するための時間として批判的なニュアンスをこめて位置づけられている。

しかし他方で、『人間の条件』の別のところでは、余暇についての異なるとらえ方が示されている。

いうまでもなく、この余暇（leisure）は、一般にそう考えられがちであるが、古代の skholē とまったく異なる。古代においてそれは、「目立った」ものであろうがそうでなかろうが、消費の現象ではなかったし、労働をまぬがれた「余分の時間」の出現によってもたらされたものではなかった。そうではなくそれは、消費の活動力や労働の活動力など、単に生きることと結びついたすべての活動力を意識的に「抑制すること」であった。近代の余暇の理想とちがってこの skholē の試金石は、よく知られ、しばしば描かれている古典時代のギリシア人の生活の質素さである。*23

ここでは、古代における余暇（skholē）を「消費の活動力や労働の活動力など、単に生きることと結びついたすべての活動力を意識的に『抑制すること』であった」と捉え、むしろ、余暇はポリスの政治が存立する条件として積極的に位置づけられている。そしてアレントは、この後者の意味での「活動力を抑制する」退きこもりのための余暇の中に、ソクラテス的な意味での哲学的思考が展開される可能性を見て取っていると読むことができる。*24

このように、アレントはソクラテスに始まる哲学の本来の役割を、社会から退きこもり、自由時間と余暇を使って思索することに見い出していた。プラトン以降の「哲学の伝統」はそういう社会からの退きこもりを否定し、哲学が政治を支配する反政治的な役割を担うようになっていく。そうした事態をアレントは批判する。アレントによれば、マルクスはそういう西欧哲学の反政治的な伝統を結局のところ温存させ、受け継いでしまっているのではないかとみるのである。

3 「退きこもり」の政治性を擁護するために

多様な形をとる余暇の捉え直し

以上から明らかなように、『人間の条件』には、古代のポリス的参加民主主義の称揚（これは詳しくは3章で取り上げる）という側面と共に、それを支える条件としての、ポリス的世界からの退きこもりによって思考がなされる余暇への視点があった。ここでの余暇は、消費活動が営まれる余暇とは異なり、「消費の活動力や労働の活動力など、単に生きることと結びついたすべての活動力を意識的に『抑制すること』」であった。このような余暇の捉え直しは、労働と消費が自己目的化した「社会的なるものの勃興」（詳しくは4章で取り上げる）によって支配されてきた近代の危機を克服し、政治を再興していくうえで重要な条件となる。いわば、余暇の政治性、あるいは退きこもりの政治性とでもいうべきものを擁護する視点であるといってもいいだろう。

このようなアレントの余暇への視点を、今日的な状況に位置づけるとどのようになるだろうか。この点については近年、ミシェル・フーコーやジョルジョ・アガンベンによる「生権力」論とアレントの「社会的なるもの」の通底性に着目する視点から研究が進んでいる。[*25] これについては第4章で取り上げることとして、ここではまずアレントによって批判されたマルクスの思想のもうひとつの側面を検討したい。

近年いくつかの研究において、マルクスを自由時間と余暇の思想家として読み直すことが注目されつつある。たとえばマルクスの教育思想を論じた青柳宏幸は、以下のように述べる。

> マルクスは資本制的生産諸関係のもとでプロレタリアートが労働の主体となっている現実こそを批判しようとしていたのである。それゆえ彼は、プロレタリアートを労働の主体にすることをめざしはしない。むしろ彼はプロレタリアートが労働の主体ではなくなることに解放の可能性を見出していた。[*26]

ここでの、「プロレタリアートが労働の主体ではなくなることに解放の可能性を見出していた」とは、どのようなことだろうか。

青柳は、マルクスが一八五七年の『経済学批判要綱』以降、労働至上主義批判の地平に達していたことに注目し、[27]そこで展開されている将来構想を、労働時間の短縮による自由時間の配分に着目して、次のように再構成する。

すなわち、「自由時間が労働者に配分されるとき、労働者は労働から解放」されるが、「自由時間の意義は単に労働者を労働から解放するに留まらない」ものを含んでいる。それは、「労働時間が縮減され労働者が自由時間を享受することによって労働もまた質的に変化する」という点である。このような自由時間を享受することにより、人間は労働の主体とは「別の主体」になる。そうした「自由時間と労働時間とを交互に繰り返す主体においては、自由時間と労働時間の抽象的な対立は終わり、両者は相乗的な関係を取り結んでいる」という。[28]

このように、労働者に自由時間が配分されることによって「自由時間と労働時間とを交互に繰り返す主体」が登場するという点が、「プロレタリアートが労働の主体ではなくなること」の積極的な意味であると、青柳はとらえている。つまり、「労働の主体」とは別の主体として、「自由時間と労働時間とを交互に繰り返す主体」という新しい主体像が抽出されている。つまり、マルクス自身が本当は労働しないことの可能性をいっていたといえるだろう。

このような視点は、『経済学批判要綱』におけるマルクスの労働至上主義批判に着目しているという点では、後述するアントニオ・ネグリの「労働の拒否」の思想とも通じるものを含んでいる。また、以上の視点は、國分功一郎の『暇と退屈の倫理学』における以下のような記述とも、重なる面がある。

マルクス自身が述べているように、「自由の王国」の条件は労働日の短縮なのである。働き過ぎを止めさせ、労働者に余暇を与えるということだ。労働はするけれど、余暇もある。だからこそ、「自由の王国」は「必然の王国」をその基礎とすると言われるのである（「自由必然の国」）。肩すかしを食らったような単純な答えではないか？　たしかに大切だし、重要なことなのだけれど、何かこのあっけにとられるほど単純な答えに笑わずにはいられない。「必然の王国」を基礎として花開く「自由の王国」。「労働日の短縮がその根本条件である」。労働の廃棄でも、本来的な労働の開始でもない、労働日の短縮。言うまでもなく、労働日が短縮されれば現れるのは暇である。ならばマルクスは、労働について思考しながら、暇についても考えていたことになるだろう。[*29]

國分も、青柳同様、マルクスは、自由時間や余暇を積極的にとらえようとしていたと言っている。が、そこで問題となるのは、「労働の主体」から「自由時間と労働時間とを交互に繰り返す主体」への転換、という形で見い出された自由時間と余暇の積極的な意味を、人間学的にどのように評価するのかという点である。

労働の拒否をめぐる二つの方向性

労働と余暇との関係をどのようなものとみなすかは、マルクスを含めた一九世紀以降の労働思想史における一大論争点であった。一方には、労働者は自分の仕事に専念すべし、余暇はあくまでも労働を遂行するための学習や休養にあてられるべきである、とする「正統派」の見解がある。他方では、それに対して、むしろ余暇と自由時間は労働のためのものでなく、それ自体に独自の意味が付与されるべきであるという考え方がある。

青柳、國分の考えは後者の系譜に位置するが、この系譜を推し進めたものとして、フランスの哲学者ランシエールの議論をみていこう。ランシエールが一九八一年に発表した『プロレタリアたちの夜』は、労働している昼の時間と、詩などを書いている夜の時間との間の関係を、「夜と昼との、詩人と労働者との二重の、非対称的な関係」としてとらえ、仕事をしている昼間の活動から独立した「夜の労働者の主体化」について議論しようという関心が見られる。[*30]

田崎英明は自身の著作の中で、ランシエールを参照しつつ、以下のように述べている。

> 夜と昼との、詩人と労働者との二重の、非対称的な関係は、しかし、ひとつのスキャンダルであった。一八四一年、『両世界評論』においてレルミニエはこう論じた。詩作というも

のは、労働者の労働と同じく時間を丸ごと全部費やさなければならないものである。労働者–詩人の二重の労働は、労働者をその本来の労働から逸らし、同胞から孤立させ、また、自分の現状を不満足なものとみるようにさせる。そればかりではない。詩にとっても、創造性も才能も何もない労働者たちの参入によって被害をこうむる。要するに、労働にとっても、詩にとっても、それは害悪をもたらすだけというのである。詩人として認められようなどというつまらない虚栄は捨てて、労働者は自分の仕事だけに専念すればよい。そう彼は主張する。そのような見解に対して批判的で、労働者–詩人を擁護する文学者たちがいないではなかった。たとえばユゴーは、仕立て職人コンスタン・イルベに対していう。「あなたがそうである状態にとどまりなさい。詩人にして労働者、つまり、思索者にして労働者に」[*31]。

ここでは、労働者–詩人という二重の非対称的関係を引き受けるのか、それとも否定するのかをめぐる対立が示されている。

従来の正統派マルクス主義においては、昼間の世界が労働の世界であり、夜は、労働力が再生産されるための必要な場所とされていた。これに対してランシエールの『プロレタリアたちの夜』は、夜の時間が労働のためのものでなく、むしろそれ自体に独自の意味が付与されるべきであるという考え方を推しすすめたのである。

しかし問題は、昼間の労働から独立した「プロレタリアたちの夜」の独自の可能性とは、いったいいかなるものであるのか、言い換えれば、労働のためではない、余暇と自由時間に独自の意義はどこにあるのか、という点である。この問題を考えるうえで示唆となるのは、「労働の拒否」で知られるネグリらと、アガンベンとの間での、メルヴィルの小説『バートルビー』をめぐる対立である。

『バートルビー』は、一八五三年に発表されたメルヴィルの短編小説である。ウォール街の法律事務所に雇われた書記（scrivener）のバートルビーは、当初きわめて有能に仕事をこなしていたが、ある時から急に筆写することをやめ、帰宅することもなく事務所に居座り続けるようになる。やがてバートルビーは解雇されるが、それでも彼は事務所に残り続け、しばらくして衰弱死してしまう。

ネグリは、マイケル・ハートとの共著『帝国』で、このバートルビーを、「労働の拒否の長い伝統のなかに位置づけられる」とし、「このような拒否が解放の政治の始まりであるというのはたしかにそのとおりだ」と評価する。しかし他方で、「それはたんなる始まりにすぎない」として、バートルビーを以下のように批判する。

私たちが必要としているのは、新しい社会体を創造することなのであり、そして、これは拒否することをはるかに超えて進んでゆくプロジェクトなのである。私たちが引くさまざまの逃走線、私たちの脱出は、あくまでも構成的なものでなければならず、現実的なオルタナティヴを創出するものでなければならないのだ。*32

つまり、ネグリらによれば、労働の拒否は単なる拒否にとどまってはならず、「あくまでも構成的なものでなければならない」のである。バートルビーの場合、単なる拒否にとどまっているので、そこが問題だと、ネグリらは考えている。

このネグリの議論を批判するのがアガンベンである。アガンベンによれば、「ネグリも、構成する権力の歴史的現象学に関して豊かな分析を行ってはいるものの、そこでは、構成する権力を主権権力から分離することを可能にするいかなる判断基準を、どこに見いだすこともできていない」[*33]という。ここでアガンベンが指摘するのは、ネグリらがいう「構成的なものでなければならず、現実的なオルタナティヴを創出するものでなければならない」ものが、結局のところ、オルタナティヴと言いながらも、既存の主権権力に回収されてしまうのではないかという疑念である。たとえば、「みんなで労働を拒否しましょう」という運動が逆に個々の労働者に対する権力や抑圧として働いてしまうことなどを想定することができる。

こうした立場から、アガンベンは、バートルビーに対して、以下のように、より積極的な評価を行おうとする。

書くことをやめた書記である彼は、あらゆる創造が生じるもととなる無をかたどる極端な形象であり、また、純粋かつ絶対的な潜勢力（可能性／potentiality）であるこの無を最も苛烈に要求するものでもある。*34

アガンベンは、バートルビーにおけるこの「純粋かつ絶対的な潜勢力（可能性／potentiality）であるこの無を最も苛烈に要求する」という点を、「主権原則に対するおそらくは最も強い異議申し立て」であると評価する。*35

両者の対立をまとめておこう。ネグリらは、労働の拒否は単なる拒否にとどまらず、「あくまでも構成的なものでなければならず、現実的なオルタナティヴを創出するものでなければならない」という。これに対して、アガンベンは、拒否はあくまでも拒否であり、「純粋かつ絶対的な潜勢力である無」にとどまるべきであるというのである。両者は労働する主体とは別の主体のありよう、言い換えれば労働する主体の内の他者を追求しようとする点では共通する。しかしその他者イメージにおいて決定的に分岐する。

この分岐は、ドゥルーズを研究する千葉雅也の無人島に関する議論を引いて言うならば、前者（ネグリら）が「一なる大文字の他者（無限に無秩序化していく彼岸）」を志向するのに対して、後者（アガンベン）は「唯一でない、複数の小文字の他者」を志向するといえるかもしれない。*36 つまり、ネグリらはみんなで単一のオルタナティヴをめざしてがんばろうとするのに対して、アガンベンは、オルタナティヴをめざす必要はない、バラバラでもいいというのである。

この労働の拒否をめぐるネグリらとアガンベンの対立を、昼間の労働から独立した「プロレタリアたちの夜」の独自の可能性をめぐる対立としてパラフレーズすればどのようになるだろうか。前者（ネグリら）は、「構成的なオルタナティヴ」としての新たな社会をめざし、その意味で社会とつながる自由を志向する。それに対して後者（アガンベン）は、昼間の世界に顕在化しない夜の世界にとどまることをめざす、その意味で、社会から退きこもる自由を志向する。

以上の検討からいえることはさしあたり以下の点である。すなわち、自由時間と余暇をめぐる争点は、「社会とつながる自由」か、「社会から退きこもる自由」かという点に見い出すことができる、と。この文脈でいえば、前節で検討したハンナ・アレントの余暇についてのとらえ方は、アガンベンやランシエール的な、余暇と自由時間を「退きこもり」の場とする流れの中に、位置づけることができるだろう。アレントが強調するのは、ポリス的世界からの退きこもりによって思考がなされる余暇への視点だからである。

そして、このアレント的な、余暇と自由時間を消費活動のための時間ではなく「退きこもり」を可能にする時間とするとらえ方を制度構想の次元で具現化し注目されているのが、ベーシックインカム論である。これについては、あらためて第4章で検討したい。

夜の世界が開く可能性

さて、本章の最後に、この「夜の世界」の現代的な意義について言及している批評家の宇野常寛と濱野智史の論を紹介したい。宇野と濱野は、近年のサブカルチャー論、オタク文化論の展開を念頭に置きながら、日本社会の制度環境（彼らはOSと表現している）をアップデートすることを提唱し、以下のように述べる。

そしてそのための手がかりはすでにこの日本社会の内部にあふれている。それは「市民社会」（政治）や「ものづくり」（経済）といった〈昼の世界〉には存在しない。少なくともこれまで社会的には日の目を見ることのなかった〈夜の世界〉――この二〇年で奇形的な発展を見せたサブカルチャーやインターネットの世界にこそ存在する。僕たちはそう信じているのだ。[*37]

また、宇野は前述した國分功一郎との対談の中で、このような夜の世界を可能にする余暇の制度的な保障に言及し、高度成長期型の正社員男性と専業主婦女性という家族モデルからの脱却を、以下のように提案している。

宇野　フリーターの夫婦二人が子どもを二人ぐらい育てられるような社会にしない限り、日本の人口なんて減るに決まっています。
國分　まさしくそう思います。それを絡めて言えば、僕は保育園が常に重要だと思ってる。収入はそれなりだけど、共働きで、子どもは保育園でしっかり育ててくれて、週末は暇があって楽しくって感じのモデルが作られないとだめですね。*38

これらの議論は、ポリス的世界からの退きこもりによって思考がなされる余暇というアレントの視点を、現代的な状況の中に位置づけるうえで、興味深い示唆を提供しているように思われる。社会とのつながりではなく社会からの退きこもりを、そして「夜の世界」の復権を、という方向性でこれらの議論には共通の視点がある。そしてそれは、第1章で言及した「見捨てられること」、「難民性」をある意味で引き受けるありようを考えることにもつながるのではないか。この点は、ベーシックインカム論とも関連させながら第4章で再論したい。

*1　アレントによるマルクス研究の成果は、草稿「カール・マルクスと西欧政治思想の伝統」（"Karl Marx and the Tradition of Western Political Thought"）として残されている。だが、このマルクス論の草稿は公刊されることはなく、一九五八年の『人間の条件』、一九六一年の『過去と未来の間に』所収の諸論文、一九六三年の『革命について』、さらには、『アウグスティヌスにおける愛の概念』の英語版に加えた修正等を中心とする一連の著作に、その内容が反映されることとなる。

アレントのマルクス論草稿「カール・マルクスと西欧政治思想の伝統」には第一草稿と第二草稿があり、いずれも*The Papers of Hannah Arendt*, Container No.71に収められている。ただし、"SUMMARY"（「カール・マルクスと西欧政治思想の伝統」の第二草稿のPart IからPart Vまでの要旨と考えられる）、および同第二草稿のPart VIだけは、一九五四年に書かれたとされる未公刊講義原稿「哲学と政治―フランス革命以後の活動と思想の問題」（"Philosophy and Politics - the Problem of Action and

"Thought after the French Revolution", 1954）と共にContainer No.76.に収められている。また、第一草稿はさらに、「カール・マルクスと政治思想の伝統」と題された九ページの短いものと、六〇ページの長いものとの二種類あり、それぞれ独立の内容を有する。
　マルクス論の草稿全体の中でも、「カール・マルクスと政治思想の伝統」（第一草稿の九ページ版）はアレントがマルクス論に取り組むそのモチーフを端的に展開した興味深い内容を有するものであるが、その全体像は十分検討されてこなかった。そこで本章でアレントのマルクス論に言及する際には、この「カール・マルクスと政治思想の伝統」を取り上げる。私はこの草稿の翻訳『カール・マルクスと西欧政治思想の伝統』に参加しており、その過程で、共同翻訳者である佐藤和夫、藤谷秀、坂原樹麗、稲本竜太郎の諸氏との討論から、貴重な示唆を受けている。記して謝意を表したい。

＊2 アレント、『人間の条件』、一六ページ

＊3 "Project: Totalitarian Elements in Marxism" *in The Papers of Hannah Arendt*, Library of Congress, ContainerNo.19

＊4 "Project: Totalitarian Elements in Marxism", p.12

＊5 "Project: Totalitarian Elements in Marxism", p.12

＊6 原武史、『滝山コミューン一九七四』、二九八―二九九ページ

＊7 『滝山コミューン一九七四』、二四八ページ

＊8 七小の集団主義教育が依拠していたとされている全生研（全国生活指導研究協議会）の『学級集団づくり入門第二版』では「追求のとき教師は原則として第三者の立場にいなくてはならない」とされているにもかかわらず、『滝山コミューン一九七四』では、「追求」の場面に先生が居合わせていたかどうかは「はっきりしない」と書かれている。この点からもうかがえるように、七小の集団主義教育はマルクス主義の影響を受けていたとしても、その理論的な根拠は必ずしも確かなものではない。特に、教師がその権力をどのように行使していたのかが問題になる。この点については5章であらためて言及したい。

＊9 森田尚人、『モダニズムからポストモダニズムへ―知識人と政治』二九九ページ

＊10 シュトラウス、『政治哲学とは何か』、二一三―二一四ページ、小玉重夫、「教育学における公儀と秘儀」なども参照

＊11 この問題は、日本では冷戦が終結した今日においても、まったく解消しているわけではない。

＊12 アレント、『カール・マルクスと西欧政治思想の伝統』、六ページ

＊13 マルクス、『新編輯版ドイツ・イデオロギー』、二四〇ページ

＊14 マルクス、『経済学批判』一五ページ

＊15 『カール・マルクスと西欧政治思想の伝統』、一六－一七ページ

＊16 ポリスの外部の知として脱政治化していくことに関してのわかりやすい事例としては、アレントはプラトンの『国家』における洞窟の寓話を引いてこのように述べる。「哲学者は自分と仲間のものを結び付けていた枷から解放され、だれのお伴もせず、だれをも連れず、完全に『一人で』洞窟を去る。政治的にいえば、死ぬことが人びとの間にあることを止めることと同じであるならば、永遠なる物の経験は一種の死である」（『人間の条件』、三六ページ）

＊17 『カール・マルクスと西欧政治思想の伝統』、一三ページ

＊18 『カール・マルクスと西欧政治思想の伝統』、一七－一八ページ

＊19 『カール・マルクスと西欧政治思想の伝統』、一三ページ

＊20 アレント、「哲学と政治」九四ページ

＊21 『人間の条件』、四七三－四七五ページ

＊22 『人間の条件』、二八ページ

＊23 『人間の条件』、二二〇ページ

＊24 この後者の意味での哲学的思考は、一九七一年の『精神の生活』において政治的生活からの「退きこもり」によって可能になるものとして集中的に議論される。そこでアレントは、「精神活動は現象から意識的に退きこもることによってのみ姿を現わす」と述べる（アレント、『精神の生活　上』八－九ページ）。この点については村松（「非政治的思考の政治教育論的含意――H・アレントの後期思考論に着目して――」）も参照。二〇一三年の一〇月に日本でも公開された映画「ハンナ・アーレント」（マルガレーテ・フォン・トロッタ監督）は、一九六一年のアイヒマン裁判を傍聴し批評したアレントを中心的に描き出し、人間にとって思考とは何かを、政治との関係において根源的に問う作品であった。特に、アレントが学生に思考の重要性を説く場面が印象的であった。同映画については、本書「あとがき」を参照されたい。

＊25 Blencowe, C., "Foucault's and Arendt's 'insider view' of biopolitics: a critique of Agamben", *History of the Human Sciences*, December 2010 vol. 23 no. 5、金森修『〈生政治〉の哲学』なども参照

＊26 青柳宏幸、「マルクス主義からマルクスへ――いわゆる「全面的発達」の批判的検討――」、一一ページ

＊27 青柳宏幸、『マルクスの教育思想』、一三三ページ

＊28 「マルクス主義からマルクスへ――いわゆる「全面的発達」の批判的検討――」、一一－一二ページ

＊29 國分功一郎、『暇と退屈の倫理学』、一九一ページ

＊30 Rancière,J. 1981 *La nuit des proleétaires. Archives du rêve ouvrier*, Paris: Librairie Artheéme Fayard、田崎英明、『夢の労働　労働の夢』、市田良彦、『ランシエール　新〈音楽の哲学〉』など参照

*31 『夢の労働　労働の夢』、一四八ページ

*32 ハート、ネグリ、『〈帝国〉』二六七ページ

*33 アガンベン、『ホモ・サケル』、六六－六八ページ

*34 アガンベン、『バートルビー』、三八ページ

*35 『ホモ・サケル』、七四ページ

*36 千葉雅也、「無人島と先祖性」。千葉のドゥルーズ論について詳しくは、『動きすぎてはいけない――ジル・ドゥルーズと生成変化の哲学』を参照。

*37 宇野常寛・濱野智史、「僕たちは〈夜の世界〉を生きている」、四ページ。また、最近文庫化された中森明夫『アナーキー・イン・ザ・JP』は、戦前のアナーキスト（ボルシェヴィズムと対抗した無政府主義者）である大杉栄と現代高校生のパラレルワールドを描いた小説で、参考になる。

*38 宇野常寛・國分功一郎、「個人と世界をつなぐもの」、一七〇－一七一ページ。

第3章

行為者の自己開示：人間の政治活動

本章では『人間の条件』でメインテーマとなっている
人間の政治活動について検討する。重要になるのが、
アレントのギリシア的世界とユダヤ・キリスト教的世界に対する複眼的視点だ。
それをベースにしながら昨今話題になった2つの問題に切り込んでいく。
ひとつは「友愛」。錯綜した訳語を整理しながら
そのあいまいな概念にあらためて光を当ててみる。
もうひとつは「空気を読む」。アレントの師ともいえるハイデガーに対する
厳しい批判をふまえながら、この現象をみていく中で生まれてくる
公共的世界という問題は次章につながっていく。

1 「活動的生活」の構成要素〜労働、仕事、活動

「活動」が持つ複数性

前章（第2章）の冒頭で書いたように、『人間の条件』では、人間の活動を大きく二つに分類している。一つは「考える」という人間の思考活動である。第2章ではこの点を検討した。もう一つは、「私たちが行っていること」、具体的には労働、仕事、活動（政治活動）である。『人間の条件』では主としてこちらの「私たちが行っていること」を扱っている。特にこのうちの、活動（action）の意義を、人間の公的、政治的活動を表す概念として強調した点が、『人間の条件』のもっとも重要な特徴であり、公民権運動をはじめ市民の政治参加が活発化していく一九六〇年代のアメリカの政治状況にも大きな影響を与えた。そこで、本章ではこの活動（action）を中心に、人間の行なう活動的生活について検討を行いたい。

『人間の条件』の第一章の冒頭には、活動的生活の三つの基本的な区別が書かれている。

ここでアレントは、人間の条件、すなわち人間の活動力というものを、「活動的生活 vita activa」という用語によって総括しようと試みる。そして、その構成要素として、「労働」「仕事」「活動」という三つを挙げる。『人間の条件』という著作を理解するためのベースとなる部分なので、そのまま引用したい。

労働 labor とは、人間の肉体の生物学的過程に対応する活動力である。人間の肉体が自然に成長し、新陳代謝を行い、そして最後には朽ちてしまうこの過程は、労働によって生命過程の中で生みだされ消費される生活の必要物に拘束されている。そこで、労働の人間的条件は生命それ自体である。

仕事 work とは、人間存在の非自然性に対応する活動力である。人間存在は、種の永遠に続く生命循環に盲目的に付き従うところにはないし、人間が死すべき存在だという事実は、種の生命循環が永遠だということによって慰められるものでもない。仕事は、すべての自然環境と際立って異なる物の「人工的」世界を作り出す。その物の世界の境界線の内部で、それぞれ個々の生命は安住の地を見いだすのであるが、他方、この世界そのものはそれら個々の生命を超えて永続するようにできている。そこで、仕事の人間的条件は世界性である。

活動 action とは、物あるいは事柄の介入なしに直接人と人との間で行われる唯一の活動力であり、複数性 plurality という人間の条件、すなわち、地球上に生き世界に住むのが一人の人間 man ではなく、複数の人間 men であるという事実に対応している。たしかに人間の条件のすべての側面が多少とも政治に係わってはいる。しかしこの複数性こそ、全政治生活の条件であり、その必要条件であるばかりか、最大の条件である。[*1]

それぞれ重要なポイントは、労働の人間的条件は生命それ自体である、というところ、仕事は人工的世界を作り出す、というところだ。この労働と仕事の二つに共通するのは、「ひとりの人間」と世界との関係性において生じるものだというところだ。ところが、最後の活動は、少し状況が違う。複数性という条件が必須であるというのだ。そしてアレントは、この活動にこそ、政治的行為に固有の特徴を見い出そうとしている。

たとえば、私たちが知っている中でおそらく最も政治的な民族であるローマ人の言葉では、「生きる」ということと「人びとの間にある」(inter homines ess)ということ、あるいは「死ぬ」ということと「人びとの間にあることを止める」(inter homines esse desinere)ということは同義語として用いられた。[*2]

この文章にも示されているように、古代ローマ以来、政治とは、複数の人々の間において(inter homines)成立するものであることが強調されている。そして、そうした政治性を特徴づけるのは、人間の複数性であるということが強調される。

複数性が人間活動の条件であるというのは、私たちが人間であるという点ですべて同一でありながら、だれ一人として、過去に生きた他人、現に生きている他人、将来生きるであろう他人と、けっして同一ではないからである。[3]

アレントも様々な表現で繰り返し述べているが、ここがもっとも重要なポイントである。「活動」の、「仕事」や「労働」との違いは、活動が人間の複数性に根ざしているということだ。事物を対象にしている労働や仕事とは異なって、活動は、人と人との間に成立する。複数の人間存在なしに活動は成立しないということだ。

ギリシア的世界とユダヤ・キリスト教的世界

アレントの「活動」を考える際に、もうひとつ重要になってくるのは、彼女のギリシア的世界とユダヤ・キリスト教的世界に対する複眼的な視点を理解することだ。アレントは、古代ギリシア人が創設したポリスが存続していくためには、ギリシア的世界にはない、ユダヤ・キリスト教的世界の導入が要請されると考えた。『人間の条件』第五章「活動」の節の最後に置かれた第三三節「不可逆性と許しの力」と、第三四節「不可予言性と約束の力」は、このような、ギリシア世界に対するユダヤ・キリスト教的思想の導入を展開した本書でも重要な節である。まず、言葉の定義となる部分を引用する。

不可逆性というのは、人間が自分の行なっていることを知らず、知ることもできなかったにもかかわらず、自分が行なってしまったことを元に戻すことができないということである。この不可逆性の苦境から脱けだす可能な救済は、許しの能力である。これにたいし、未来の混沌とした不確かさ、つまり、不可予言性にたいする救済策は、約束をし、約束を守る能力に含まれている。この二つの能力は、そのうちの一方の能力である許しが、過去の行為を元に戻すのに役立つ限り、同じものに属している。*4

本章冒頭で述べた、アレントの提唱する「活動的生活」の構成要素のうち、「活動」だけは、「労働」や「仕事」とは違って後戻りや逆回転ができない。たとえば労働や仕事においては、作り直しということができるが、活動、つまりいちど発言したこと、公衆の面前で行ったこと、それ自体は後に戻ることはできないということだ。現代でも、たとえば政治家の発言は、いちど言ってしまったら、後で撤回したり修正したりしても取り返しがつかなくなる事例は、枚挙にいとまがない。

もうひとつ「活動」の特徴は、何が起こるかわからない、つまり不確実であるということだ。前述した「不可逆性」と「不可予言性」という一見ネガティブに見える二つの要素を抱えこみながらも「活動」をどうやって存続可能にしていくかということは、ギリシア的世界の思想の中だけで解決できない。より具体的にいえば、すべての活動は間違うことがありうるし、後戻りができない。

にもかかわらずそれが存続可能であるためには、行った行為に対しての「許し」が必要になる。そして、不確実な未来に対して「活動」が存続可能性を維持するには、人々の間に、ある信頼関係ができることが必要だ。それは「約束」という行為を前提としている。このようなキリスト教的な「許し」と「約束」の条件をアレントは次のように述べる。

したがって、許しと約束というこの二つの能力は、共に複数性に依存し、他人の存在と活動に依存している。というのは、だれも自分自身を許すことはできないし、だれも自分自身とだけ取り交わした約束に拘束されていると感じることはありえないからである。独居や孤立の中で行なわれる許しと約束は、リアリティを欠いており、一人芝居の役割以上のものを意味しない。*5

そして、この「複数性への依存」という概念は、プラトンへの批判につながっていく。アレントによれば、プラトンは政治の問題を、自己とは異質な他者の複数性においてではなく、「私と私自身の間に樹立された関係」において、つまり他者が介在しない独我論的（モノローグ的）な関係においてと捉えようとしているようにみえる。以下の引用は、プラトンの独我論的（モノローグ的）な支配概念と、アレントのいう「複数性への依存」の差をわかりやすく示している。

プラトンの支配は、その正統性を自己の支配に求めており、したがって、その指導原理を私と私自身の間に樹立された関係から引き出している。そしてこの指導原理が、同時に、他人にたいする権力をも正当化し、限定づけているのである。この結果、他人との関係の善悪は、自分自身にたいする態度によって決定され、ついには、公的領域全体が「大文字で書かれた人間」のイメージで眺められ、人間個人の精神的能力である魂と肉体との正しい順位のイメージで眺められるようになる。これにたいして、許しと約束の能力から推論される道徳律は、自分自身との交りでは味わうことのできない経験にもとづいており、それどころか、まったく他人の存在に基礎を置いているような経験にもとづいている。プラトンの場合、自己支配の程度と様式が他人にたいする支配を正当化し、決定した。つまり、人は自分自身を支配する程度に他人を支配するのである。*6

このように、アレントの公共性の捉え方は、純粋に古代ギリシア的世界を復活させようという主張だけではなく、むしろそこにもヒントを見い出しつつも、ユダヤ・キリスト教的世界にもリソースを見い出そうとしているのだ。この、ギリシア的世界、ユダヤ・キリスト教的世界の特徴を、一言でいうのは難しいが、あえて図式的にいえば、ギリシア的世界は悲観的世界、それに対してユダヤ・キリスト教的世界は、どちらかといえば未来に希望を見い出す世界といえるだろうか。この二つの世界の統合を複眼的に企てようとしている、それが『人間の条件』の重要なポイントである。

アレントはユダヤ・キリスト教的世界の意義を、端的に以下のように述べている。

人間事象の領域で許しが果たす役割を発見したのは、ナザレのイエスであった。たしかにイエスはそれを宗教的な文脈の中で発見し、宗教的な言葉で明確にした。*7

2 政治的行為と演劇的行為の類似性

政治と演劇のアナロジー

前節で述べた「活動的生活」の構成要素「活動 action」のもうひとつの特徴としてアレントが強調するのは、行為者が開示（disclosure）されるという点である。この特徴をより具体的にイメージさせるために、アレントは「演劇」という言葉のアナロジーを使っている。

この「ドラマ」という言葉は、ギリシア語の動詞 dran「活動する」からきているが、これこそ、劇の演技が実際は活動の模倣であることを示している。しかし、模倣の要素はただ俳優の演技に見られるだけではない。アリストテレスが正しく主張しているように、芝居を作り、書くことのうちにも模倣の要素がある。とはいうものの、ドラマが完全に生命を与えられるのは、やはり、それが劇場で演じられるときである。物語の筋を再演する俳優と語り手だけが、物語そのものの意味、いやむしろ、物語の中に姿を現わす「主人公」の意味を、完全に伝達することができるからである。[*8]

これは演劇がすぐれて政治的な芸術である理由でもある。人間生活の政治的分野を芸術に移すことのできるのは、ただ演劇だけだからである。同じ意味で、演劇の主体は、他人とさまざまな関係を取り結ぶ人間だけであり、このような芸術はただ演劇だけである。[*9]

つまり、演劇は演じることによってはじめて芸術になるのであって、彫刻や絵を描くという、制作（アレントの分類でいえば仕事work）によって芸術作品になるものとは違う。演劇は、人間が関係性の網の目の中で行為をすることによってそこではじめて芸術になるのだ。

この活動を演劇との類比、アナロジーで述べるアレントの概念を現実の社会生活に重ね合わせてみると、確かに、私たちが経験している政治の中にも、演劇的な側面は含まれている。

すなわち、政治というのは、演技者（アクター）、つまり演技（アクション）をする人がいるだけでは政治が成立せず、それが実際に演じられ、同時に、それを見る人がいる、つまり観客に見られていることによって、はじめて政治的公共性が成立するという面がある。この、演技者と観客という要素は、アレントの政治概念をつかまえるうえで重要なポイントである。

行為者の開示

このように活動を演劇とのアナロジーでとらえたとき、そこで浮かび上がるのが、前述したような、行為者が開示（disclosure）されるという、活動の特徴である。この点についてアレントは以下のように述べる。

> 人びとは活動と言論において、自分がだれであるかを示し、そのユニークな人格的アイデンティティを積極的に明らかにし、こうして人間世界にその姿を現わす。しかしその人の肉体的アイデンティティの方は、別にその人の活動がなくても、肉体のユニークな形と声の音の中に現われる。その人が「なに」（″what〟）であるか――その人が示したり隠したりできるその人の特質、天分、能力、欠陥――の開示とは対照的に、その人が「何者」（″who〟）であるかというこの開示は、その人が語る言葉と行なう行為の方にすべて暗示されている。それを隠すことができるのは、完全な沈黙と完全な消極性だけである。*10

アレントのいう「活動」において、その人が「何者who」であるかを人々の間で開示することはもっとも重要な側面だ。そして、ここで述べられた、「なにwhat」と「何者who」の違いは重要なポイントだ。少し具体的に考えてみよう。

たとえば、ある人が「医者であること」は、その人の属性であり、仕事上の能力を示す。これは

「なにwhat」にあたる。つまり「医者であること」自体は、治療をしたり、論文を書いたり、つまり仕事の中に示されるわけだ。これはアレントでいえば、「労働labor」と「仕事work」にあたる。

それに対して、「何者who」であるかを示すには、具体的な固有名「〇〇一郎・花子」を持つ存在として公的世界に現れなければ認識されることはない。そして、そのためには、「活動action」が必要であり、それは言葉と行為がなければできない。

「労働」「仕事」は生産物や作品によって示されるが、「活動」は常に身体に付きまとっているものであり、それは言葉と行為によるパフォーマンス（自己開示）をしないと現われてこないものだ。

したがって、政治的行為においては、「医者であるということ」より、むしろ「〇〇一郎・花子」という固有名において、何を言ったか、何を行ったかということが重要になる。

上から目線の政治への批判

このように、アレントが政治的行為としての活動を演劇とのアナロジーでとらえ、その特徴を行為者の開示という点に見い出す理由は、ひとつには、第1章で述べた忘却の穴を回避し、行為者を記憶に残すという点がある。

もうひとつの理由として重要なのは、ここでもやはりプラトン的政治観への批判、そしてプラトン以後のソクラテス学派の政治観への批判という点がある。

なるほど、プラトンとアリストテレスは、たしかに、このギリシア人の観念を改めて、立法と都市建設を、最高の政治生活にまで押し上げた。しかしそれは、この二人がギリシア人の基本的な活動と政治の経験を拡大して、そこに立法と創設まで含めたという意味ではない。むしろ、この立法と創設というのは、後にローマの政治的天才として現われたものなのである。そうではなく、ソクラテス学派が、ギリシア人の眼から見れば前政治的であった立法のような活動力に眼を向けたのは、政治と活動に反抗しようとしたためである。*11

つまり、アレントによれば、プラトン以後のソクラテス学派は政治と活動に反抗しようとしたというのだ。では、ここでプラトン以後のソクラテス学派とアレントの違いはどこにあったのか。既に第2章でもみたように、アレントにとって、ポリスの中での日々行われる政治的活動と哲学者が思考することとの間には、もともと対立関係があることが前提だった。つまり政治と哲学の間には、常に緊張関係があると考えられていた。

ではそれに対して、プラトンはどう考えていたのか。ポリスや政治によって哲学が迫害されることに抵抗するためには、哲学的思考、そして観照的生活*12の優位性を確保しなければならない。そのためには、哲学者が政治を作っていく必要がある。つまり、哲学を政治の上に置くこと、それがプラトンの思想の根本だった。

アレントは、ソクラテス自身と、彼の弟子たちであるソクラテス学派を明確に区別していた。ソクラテス自身は必ずしも哲学を政治の上に位置づけようとは思っておらず、哲学と政治のある種の緊張関係をうちに含む対等な関係を求めていた。しかし、結局、政治の側から訴追され、殺されてしまう。それを見たソクラテス学派、つまりプラトンらは、むしろ哲学の優位性を打ち出さなくては、と考えたのだ。

このような流れをふまえて、アレントは、ソクラテス自身に対してはポジティブな位置づけを与えるが、その後のソクラテス学派に対しては、ソクラテスの思想を偏った方向に歪曲してしまったと批判する。

以下の引用は、本章冒頭に述べた、活動的生活の三つの構成要素「労働」「仕事」「活動」をベースにしながら、プラトン以後のソクラテス学派の政治観を批判した部分だ。

ソクラテス学派にとって、立法と投票による決定の執行こそ、最も正統的な政治的活動力であった。というのも、立法のような活動力の場合、人びとは「職人のように振舞う」からである。つまりこの場合、活動の結果は、たとえば法律のように触知できる生産物であり、その過程は、はっきりと認識できる終りをもっている。しかし、正確にいえば、これは、もはや——というより、依然として——活動（プラクシス）ではなく、制作（ポイエーシス）である。そして、ソクラテス学派が活動よりも制作を好んだのは、制作の方が活動よりも信頼できるからである。人間が、その活動能力を、活動の空虚さ、活動の無制限性、活動の結果の不確実性もろとも、投げ棄ててしまいさえすれば、それだけで人間事象のもろさを救うことができる。ソクラテス学派がいいたかったのはそういうことであったように思われる。*13

つまり、政治というものをプラクシス（アレントのいう「活動」action）ではなく、あくまでポイエーシス（制作work、つまり「仕事」）と考えていたのがソクラテス学派であり、彼らは、「活動」よりも「労働」「仕事」の方を好んで、結果として、政治というものをアクション＝「活動」ではなく、ワーク＝「仕事」の論理に還元した。それがソクラテス学派の政治のあり方だった。*14

ここでいうワークは、本章第1節で見たように、「人が物にたいして働きかける行為」である。それに対してアクションは、対等な「人間同士の間に成立する行為」であり、アレントはあくまで、政治をアクションであるべきだと考えたが、ソクラテス学派はむしろワークの論理で考えているとアレントは見ていた。

いわば、ソクラテス学派は、「人が物にたいして働きかける」ように行う、つまり、一部の知恵を持ったものが人々を支配することこそ政治だと考えていた。エリート支配ともいえるわけだが、アレントは、そういう「上から目線」の政治観を、政治を制作、仕事の論理に還元するものと考え、この思想こそが、市民の活動の自由、市民の自己開示を阻害していく要因になると考えていた。この「職人のように」、「上から目線」で政治を作るという志向性は、そのまま現代の官僚政治のメンタリティにもつながっていく。たとえば、最近日本でも、原発の問題と関わって、官僚がツイッターで市民集会を上から目線で批判し、問題になったことが報道された。これなどにも、職人気質的な官僚のメンタリティを見て取ることができる。そのような職人気質的な政治を、市民の自己開示による政治へと転換しようとしたのがアレントの『人間の条件』の真骨頂であるといえる。

3 同胞愛から友愛への転換

同胞愛は公共性を創出しない

アレントの政治的行為論をみていくうえでのもうひとつのポイントは、アレントが考えている許しや約束によって保障される人間の信頼関係、あるいは関係性は、決して「絆」や「同胞愛」のような何か確かなものに結ばれた同質的な団結とはイコールではないということだ。

アレントは、『人間の条件』の第二章「公的領域と私的領域」の中で「キリスト教の僧団 brotherhood だけでなくすべての人間関係を同胞愛の上に築くよう求めたのはアウグスチヌスであった」[*15]と述べ、同胞愛という概念に関して言及している。

たしかに、この同胞愛 charity は、無世界性という点では、明らかに、人間の一般的経験である愛と一致している。しかし、それは同時に、愛と異なる面をもっている。なぜならこの同胞愛は世界と同様に、なにか人びとの間にあるようなものだからである。（中略）人びとを繋ぐ同胞愛という絆は、それ自身の公的領域を創出する能力はもたない。*[16]

アレントがここで言いたいのは、同胞愛は、あくまで、ある種の同質的なつながりに基づく結合を重要視しているということであり、それは公的領域の創出とはつながらないものだということである。なぜなら、公的領域というのは、複数性に基づく異質なものが存在する世界なので、同質的な結合を重要視する世界とは本質的に相容れないものだからだ。

これに対して、複数性にもとづく異質なもの同士が共に存在する世界を、アレントは、同胞愛ではなく、友愛（friendship）という言葉で表現しようとする。これについては、『人間の条件』の構想をしていた時期の草稿を編集した『政治の約束』という本に、以下のように明確に述べられている。

友愛（friendship）における政治的要素とは、誠実な対話において、友人同士が互いの意見に内在する真実を理解し合うことができるということだ。友人は、一人の人間としての友人以上の存在であり、互いにとって公共世界がいかなるものであり、いかなる具合に独特の了解がなされているのかを理解し合う。しかもこの友人たちは、いつまでも不均等な、もしくは違う存在なのである。*[17]

以上のように、アレントは同質的な絆で結ばれた同胞愛と、不均等で異なるもの同士が関わり合う友愛を区別する。そして政治や公共性につながるのは、同胞愛ではなく、友愛だというのである。このような、同胞愛と友愛を区別する視点を、現代的な思想状況の中に置き直して、さらに考えてみたい。

同胞愛＝フラタニティと友愛＝フレンドシップ

ここではまず、同胞愛と友愛の区別を、原語と訳語の対応関係を明らかにしながらそれを整理してみたい。

『人間の条件』で上述した「僧団」の原語はbrotherhoodであり、「同胞愛」の原語はcharityである。これらは一括して同胞愛という意味で押さえることができる。さらにそれは、近年、使用されることの多いフラタニティ（fraternity）ともほぼ同義である。これらはいずれも、志や職業、血縁等を同じくする同胞的な絆を表す概念であるという点で共通しており、日本語に訳すとすれば、同胞愛とするのが妥当である。これに対して、friendshipには、アレントや後述のデリダをふまえて友愛という訳語をあてたい。従来、フラタニティは友愛と訳されることの多い語であり、そのためフレンドシップと訳語が同じになってしまい、両者の語の違いがわからなくなってしまうという混乱があった。上記のような同胞愛と友愛の区別をすることで、この混乱が解消されるだろう。

前述のとおり、アレントは同質的な絆で結ばれた同胞愛と、不均等で異なるもの同士が関わり合う友愛を区別した。この区別の現代的な意義はいかなる点にあるのだろうか。

まず、同胞愛、フラタニティについてであるが、絆の共有にもとづく閉鎖的な結合を特徴とするものであり、後に述べるように、学校の「友だち民主主義」は、そのような同胞愛にきわめて近いといえる。

これに対して、友愛概念の系譜は、古代ギリシアのフィリアに由来する政治的なものとしての友愛から始まる。それは、前述のアレントの引用にも示唆されているように、何かの共有にもとづく閉鎖的な結合ではなく、異質な他者とつながるような、そういう「分割を共有している」ことを特徴とする。しかしこのような意味での友愛は、学校の友だち関係においてイメージされるようなものとは直ちには結びつかない。

日本で一般的に友だち関係とか、友情とかいわれるときには、同胞愛の意味が非常に強い。しかし、アレントの考えは違う。異質なものが共存する公共的世界においてこそ、人間の複数性が実現するととらえられている。

『20世紀少年』における同胞愛の政治

たとえば、学校教育の場に焦点化して考えてみよう。学校が異質性を排除する閉鎖的な場になった背景に同胞愛の政治が深く関わっている。以下では、浦沢直樹の漫画『20世紀少年』をてがかりとしながら、一九七〇年代の学校に注目してみる。第2章で取り上げた『滝山コミューン一九七四』も、ちょうどこの時期の小学校を舞台にしていた。ここに見られるのは、学校が公共的な性格を失い、「友だち民主主義」によって支配されている状況である。それが本書の主要なテーマの一つでもある今日のスクールカースト的なものの基盤になっていることをみていきたい。


「今の曲、聴いた!?」

「んー、ああ……俺がかけたんだもんよ。」

「僕……明日以降の予定が……ずっとずっと白紙だったんだ……ねえ。」

「んー?」

「僕と〝ともだち〟になってくれる?」

「別にいいけどさ……友達なんてなろうって言って、なるもんじゃないぜ。」[*18]

一九七三年、とある中学校の屋上。二人の中学生が交わした何気ない会話。

これは、映画化されて話題になった浦沢直樹の漫画『20世紀少年』の続編『21世紀少年』のラストシーン。映画版のラストシーンでは、この漫画版よりもさらにふみこんだ、本書の第1章でも大きく取り上げた「忘却の穴」(クラスのある一名がいなかったことにされる)に相当するような展開があり、サプライズの配役もあったりして、ちょっとした議論になった。前後の文脈がないので、この引用だけでは、どういうやり取りなのかわかりにくいかもしれないが、少なくともいえるのは、このラストシーンが、『20世紀少年』の背景にある一九七〇年代の学校と、そこでの友だち関係がもたらす排除やいじめの問題を象徴的に示しているという点だ。

『20世紀少年』では、一九七〇年当時小学校五年生だった主人公の友だち関係と、そこで芽生えた排除や憎悪が二一世紀の全体主義国家につながっていく様が描かれている。主人公の幼馴染みが「ともだち」を名乗るテロリスト集団の教祖となり主人公と敵対していく（ちなみに、「ともだち」が率いる全体主義テロリスト政党の名は「友達民主党（友民党）」）。一九六九年から一九七〇年に「本当の友達」関係から排除された少年が、「真のともだち」を求めて一九九〇年代に新興宗教を立ち上げて、そして「真のともだち」ではない人間を「絶交」という名のもとで殺していくというような話だ。つまり、真の友だちを選ぶという、そういう同胞関係の肥大化が、特に学級集団を中心としたスクールカースト制的な関係の中で、特定の子どもたちを排除したり、逆に排除されないための様々なサバイバル術を、子どもたちにとっての生きるすべとして強要したりしていくような、「友だち民主主義」的世界に対する、ある種の批判的な含意を読み取ることができると考えられるだろう。

ここでいう「友だち民主主義」とは、友だち関係がそこから逃げられない人間関係の全域を覆うような世界のことだ。言い換えれば、「同質性を前提とする共同体の作法」が生み出す「友だち幻想」[*19]や、「個々の自律性を確保できずに互いに依存しあわなければ自らの存在確認さえ危ういひとびとの人間関係」が支配する「友だち地獄」[*20]といってもいいだろう。たとえば、その場にいないと悪口の対象にされるのでずっと一緒にいなければならない、とか、携帯メールはすぐに返信し合わないと心が安まらない、といった関係を指すことができる。

ともすれば友だち関係はいいものであると思いがちだが、学校のようにいろいろな人が、特に目的を共有することなく集まってくるような空間では、友だち関係は、容易に、異質な他者を排除したり抑圧したりする装置へと転化する。本書の第1章でも紹介した作家・雨宮処凛の書いた小説『ともだち刑』で描かれているが、学校での友だち関係は、一見うまくいっているようでもいつ暗転するかわからない不安定で微妙なバランスの上に成り立っている。このように、友だち関係が特に学校という場で異質な他者を排除する抑圧的な関係を強く持つようになっていくのが、まさに『20世紀少年』の少年たちの舞台となった、日本では高度成長が達成された一九七〇年代ぐらいからではないかと思われる。

この点は、経済的な格差の縮小という点からも説明できる。つまり、一九七〇年代という時代は、一九六〇年代の経済の高度成長のあとを受けて、貧困からの脱出が進み、「経済的格差が比較的小さくなった時期[*21]」だった。経済的格差が縮小し、「一億層中流」といわれるような感覚が一定のリアリティを持って受けとめられていく。そうした状況の中で、学校や学級が、異質で多様な人々が交わる場から、同質的な集団が形成される場へと転換していったということができるだろう。

デリダの同胞愛論批判

ここで少し、このスクールカーストに通じていく「友だち民主主義」の哲学的な背景について、考えてみることにしたい。この問題を考える際に避けて通ることができないのが前述のフラタニティ＝同胞愛という概念だ。

フラタニティという言葉は、もともとは、一八世以降のヨーロッパで発達した秘密結社組織であるフリーメイソン団の特徴を表す概念だ。それは、秘密結社であるから、外部世界に対する一定の閉鎖性を有し、加入儀礼の執行と、成員間の平等を特徴とするもので、兄弟の契りを交わすという意味での兄弟愛とも訳されている。

つまり、フラタニティを語源とする同胞愛とは、秘密結社内での人々のつながりの特徴を表す兄弟愛のことであり、ジャック・デリダはこのことをふまえて、このような兄弟愛としてのフラタニティには、「男根中心主義や男性中心主義」があると、仏文学者のヴィクトル・ユゴーを例にしながら批判する。

兄弟愛（フラタニティ）、この形象には、すでにユゴー自身によって発生論のレトリックや昇華された有機体論がきわめて大量に——高遇に、みごとに——詰め込まれているので、男根中心主義や男性中心主義といった役割や追加的な糾弾を、私が彼に不正に負わせたというかどで責められることはない。彼の率直な規定のなかで——彼の性的決断のなかでという人さえいるかもしれないが——兄弟は、女性や姉妹も受け入れる普遍的階級でもなければ、取替えのきく機知に富んだ形象でもない。兄弟の男性性というのは、ヴィクトル・ユゴーのテクストのなかで消すことのできない文字である。*22

そのうえで、デリダは、このような閉鎖的なニュアンスを持つフラタニティとしての同胞愛ではなくて、古代ギリシアのフィリア（フレンドシップ）としての友愛概念に立ちもどって、友愛概念の再定義を試みる。

アガンベンの友愛論

このデリダの友愛論を引き継いで、発展させているのが、アガンベンの友愛論だ。アガンベンによれば、「誰かを『友人』と呼ぶことは、彼を『白人』、『イタリア人』、『熱い』と呼ぶこととは同じではない。なぜなら、友愛とは主体の属性でも特性でもないからである」としたうえで、以下のように述べる。

友愛とは、存在それ自体の感覚の内にある友人の存在のこの共同感覚の水準である。しかし、このことは友愛が存在論的かつ政治的な地位を持つことを意味している。実際、存在の感覚はいつも既に分割されてもいて共有されてもいる。そして友愛とはこの分割を共有していることの名であるのだ。この共有は相互主観性、つまり主観の間の近代的幻想とは全く関係がない。むしろ存在それ自体はここで分割されてそれ自体とは同一でない、だからこそ私と友人はこの共同分割あるいは共有の二つの顔であり、または二つの極である。[23]

ここで述べられているように、友愛とは「存在論的かつ政治的な地位を持つ」ものであって、その友愛たるゆえんは、「分割を共有している」という点にあるというのだ。これはいったいどういうことなのだろうか。もう少し引用を続ける。

友人とは別の私という意味ではなく、自己のなかで生成する他者、すなわち、自身の性質に内在する他者性である。自分の存在を快いものとして知覚する瞬間、友人の方へ、もう一つの自己の方へと自分の感覚をずらしたり、放ったりする共同感覚を私の感覚は通過する。友愛とは、自身のもっとも親密な感覚のまさに中心にあるこの脱主体化のことである。[24]

アガンベンは、アリストテレスの友愛論に依拠しながら、牛が牧草地を共有するのと、人間が友愛的な共同存在であることとの決定的な違いは、人間が異質な他者と関わり合うという点において共同的な存在であるという点にあると考える。

いずれにせよ本質的なことは、共通的な物事における参加によって定義されるのではなく、むしろ、いわば目的のない純粋に実存的な共分割であるような共有によって定義される共生を通じて、動物の共同体とは異なる、人間の共同体がここに定義されるようになるということである。すなわちこの共分割こそ、存在する純粋な事実に関しての共通感覚としての、友愛のことである。友達は何か（生まれ、法、場所、好み）の共有をしない。友だちは友愛という経験によって共有されるのである。共有されなければならないものはまさしく存在の事実、つまり生きることそのものであるので、友愛は、すべての分割に先行する共分割である。そして、この目的のない共有、つまりこの原初的な共同感覚こそが、政治的なものを構成する。*25

「自分とは異なる存在とどう共存するか」ということがアレント、デリダ、アガンベンの友愛論の基本である。それは、アレントについていえば、忘却の穴から脱却するために、記憶ということを強調した『人間の条件』の基本的なモチーフと通底していく。日本の友情や友達は、同胞愛＝フラタニティ的に語られすぎたきらいがあり、友達や友情という言葉は手垢にまみれているともいえるだろう。ここで検討してきたアレント、デリダ、アガンベンの唱える「フレンドシップ」の概念は、それらとはかなり異なる。

「自分とは異なる存在を記憶の政治の中にどう位置づけるか」それを実現するために、「空気の支配」ということを次節では考えてみたい。

4 空気の支配から脱却するために

ハイデガーへの批判的姿勢

本節では、前節で批判的に捉えたフラタニティ的な同胞愛概念、そこで想定される同質的な空間、その空気から脱却するためには何が必要なのかをアレントのハイデガー批判に注目しながら検討する。

まず、公共性の捉え方をあらためて考えることから始めてみたい。斉藤純一は、ハイデガーだけでなく、キルケゴール、カントまで遡りながら、公共性という考え方への批判的意見をまとめている。

現代でこそ、公共性はポジティヴな意味で用いられているが、一九世紀半ばからおよそ一世紀の間、公共性はネガティヴにとらえられてきたと見てよい。その一つの典型は、『存在と時間』(一九二七年)のなかで「公共性」を世人(das Mann)が支配する領域として描いたハイデガーだろう。ハイデガーによれば、「公共性」は、人びとが「互いの異なりや際立ち」を失い「混入し合う」存在様式しか許さない非本来性の空間である。「平均性」や「迎合」といった「公共性」をめぐる特徴づけは、「公共性」を「水平化の主人」とよんだキルケゴールを想い起こさせる。彼の『現代の批判』（一八四六年）は、「公共性」への正面からの批判としてはおそらく最も早い時期のものであり、そこでは、ほぼ半世紀前にカントが啓蒙（「文筆の自由」）のメディアとして高く評価した出版は、「すべての人びとを合わせたよりももっと多勢の軍隊」、「個体化の原理」を威圧する巨大な抽象を生み出すメディアと目されている。*26

ここで引用されたハイデガーは、本書の序章でも述べたように、アレントとは師弟関係にあり、きわめて大きな影響を与えた思想家である。故に、アレントの公共性を語るうえで、ハイデガーとの関係を問うことは避けられない。『人間の条件』にはハイデガーへの言及は一言も出てこないが、明らかに意識していたといって間違いはないだろう。そして、それは、意外な結果を生む。

彼女はハイデガーに『人間の条件』のドイツ語訳の『Vita Activa』を送った。その結果は、ハイデガーと彼の取り巻きからの敵意の炸裂であった。*27

個人的な事情はともかくとして、ここでは、まず、ハイデガーが公共性というものをどう考えていたかを検討する。前述の齋藤も指摘しているように、ハイデガーの公共性把握においては、「世人」という表現が重要な意味を持っている。

世人は、それ自身、おのれに固有な存在する仕方をもっている。われわれが懸隔性と名づけた共存在の前述の傾向の根拠は、相互共存在そのものが平均性を配慮的に気遣っていることのうちにあるのである。この平均性は世人の一つの実存論的性格なのである。世人にはおのれの存在においてこの平均性へと本質的にかかわりゆくことが問題なのである。このゆえに世人は、現事実的には、当然とされているもの、ひとが通用させたりさせなかったりするもの、ひとが成果を是認したり否認したりするもの、そうしたものの平均性のうちにおのれを保持している。あえてなされうるし、またなされてよいことが、その下図をそこに描かれているこうした平均性は、でしゃばってくるあらゆる例外を監視する。あらゆる優位は音もたてずに押えつけられる。すべての根源的なものは、一夜のうちに平滑にされて、とっくに熟知のものになってしまっている。すべての戦いとられたものは手ごろなものになる。あらゆる秘密はその力を失う。平均性のこうした気遣いは、これまた、現存在の一つの本質上の傾向を露呈するのだが、われわれはそうした傾向をすべての存在可能の均等化と名づける。*[28]

この世人の在り方に対する厳しい批判の本質は「相互共存在そのものが平均性を配慮的に気遣っているることのうちにあるのである」という一文だろう。つまり、世の中で一般的に流通している価値観に気遣うということの中で、人びとの公共性が構成されていく。まさに今の時代の言葉でいえば「空気を読む」ということにつながる。この「空気を読む公共性」というものを、ハイデガーは批判的に論じていた。

空気と世間

この「空気を読む」ということに関して、劇作家の鴻上尚史は、「世間」と「社会」という世界観を例に出しながら、現代的事例で説明している。

日本人は、「社会」と「世間」を使い分けながら、いわば、ダブルスタンダード（二重基準）の世界で生きてきたのです。

「社会」とは、文字と数式によるヨーロッパ式の思考法です。「近代化システム」と呼べるものです。僕たちは、「建前」と言ったりします。

「世間」は、言葉や動作、振る舞い、宴会、あるいは義理人情が中心となっている人間関係の世界です。「歴史的・伝統的システム」と呼べるものです。「本音」ですね。[*29]

そして、「空気」というのは、「世間」の変化したものであると述べている。

ある大学の講演会で、これから書く「世間」の特徴をいろいろとあげました。大学生たちは、興味は示しても、どこか他人事のように聞いていました。

ところが、「この『世間』が流動化して、どこにでも現れるようになったのが、『空気』なんだよ」と言った途端、教室の空気が一変しました。それは、劇的と言っていい変わり方でした。[*30]

ここで鴻上がいう「空気」は、ハイデガーにおける世人、公共性ときわめて近い特徴を含んでいる。

これに対して、アレントは、ハイデガーの思想に強く影響を受けながらも、あえて「公共性」というものに、空気への配慮を脱却する、異質性の共存する世界をみようとしていた。つまりハイデガー公共性論を反転させようという試みを行ったともいえる。

アレントは、どのようにして、その道程を探り当てたのか。『人間の条件』より一二年前の論文「実存哲学とは何か」は、正面からのハイデガー批判になっている。アレントは、ハイデガーの、公共性に対する、ペシミスティックな、自己中心的な姿勢を鋭く突く。

自己の最も本質的な特性は、その絶対的な自己中心性（Selbstischkeit）、それがすべての仲間から根底的に分離していることである。この本質的な特性を規定するためにハイデガーが導入したのが、実存論的なものとしての死への先駆けだった。というのも、死のうちでこそ、人間は絶対的な個体化の原理を自覚するからである。ひとりの死のみが、人間をその仲間たる人びと──「世人」として彼が自己であることをたえず妨げる者たち──との結びつきから引き離す[*31]。

また、ハイデガーのナチスNSDAPへの接近についても、アレントはかなり皮肉たっぷりに批判している。たとえばアレントは、一九六九年にハイデガーの八〇歳の誕生日によせた文章のなかで、以下のように書いている。

私たちは、たとえおのが住みかは世界のただなかにあるとしても、思索者たちに敬意をささげたいと思う者です。しかしプラトンにしてもハイデガーにしても、人間的関心事にみずからかかわったときには僭主や総統（ヒトラー）のもとに走ったということに、私たちは目をそばだてずにはいられないし、おそらく腹立たしく思わないわけにはいかないでしょう。これはそのときの時代状況のせいだけにはできず、まして、すでにかたちづくられていた当人の性格のせいにもできません、原因はむしろ、フランス人が「職業的習癖」と呼ぶものにあるのです。というのも僭主的なものを好む傾向は、ほとんどすべての大思想家の理論に認めうるからです（カントだけが大いなる例外です[*32]）。

これについては川崎修がアレントのハイデガー批判を詳細に分析した論稿のなかで、以下のように書いている。

アレントによれば、思考の能力──「単純なものに対する驚きの能力」──それ自体は、おそらくは万人にあるものだという。しかし、この能力を一時的に発揮することや、さらには、多くの思想家たちのようにこの能力を十分に展開させることと、「この驚きを自分の住み家として定め、受けいれること」の能力とは別物だというのである。そして、この後者の能力を持つ者は、人間事象の世界では自らを固有の危険にさらすことになるとアレントはいう。それが、プラトンが『テアイテトス』の中で伝える、星を眺めようとして井戸に落ち、トラキア女に笑われた「賢人」タレスであり、シラクサの僭主を哲人王に教育せんと乗り出したプラトンであり、そしてNSDAP党員となったフライブルク大学総長マルティン・ハイデガーであった。*33

アレントのハイデガー批判の最も中心になる考えは、哲学者が公共的世界を上から目線で蔑視するというプラトン的な目線が、ハイデガーには常に色濃くつきまとっているということだろう。ハイデガーは公共的世界を世人の支配する世界として蔑視し、故に公共的世界とは取るに足らないものと考えていた可能性がある。しかし、アレントは公共的世界でこそ複数性はより開花すると考えた。

とはいえ、アレントはハイデガーの、哲学者の思考活動の重要性への視点それ自体は、共感を持ち、だからこそ、退きこもりの重要性を評価していた。しかし、その哲学者の思考が、ポリス的公共性に対して、あくまで上から目線で支配するところを問題にした。

ここに、ハイデガーとの格闘を経て到達したアレントの政治的スタンスがある。

何が必要か

では、最後に本節のテーマである、空気の支配から脱却するために何が必要なのだろうかということを、ハイデガー、アレントを軸にして考えていこう。

結局、ハイデガーが批判しているように、今の私たちの公共的世界では、人がどう思っているかということへの気遣い、もしくは場を支配している空気をどう読めるか、そういうことによって公共的空間が維持されている傾向が強い。

これは前節でみた同胞愛の思想、すなわち友達関係を、異質性ではなく同質性に支配されたフラタニティとして捉えてしまうということとオーバーラップしている。それが私たちの社会や、私たちの周りの公共的世界の生きにくさ、ある種の不自由さにもつながっているのではないだろうか。

そして、それは学校での、スクールカーストやいじめにつながる。そういうものに対してアレントは批判的だった。つまり空気を読む公共性とは異なる形での公共的世界を作れないかということが『人間の条件』の主要テーマなのだ。

そこで、アレントは、活動＝アクション、つまり演劇的行為を通して人びとの前に現れる公共性を構想することで、「（空気を読む）公共性」という概念を、組み替えようとした。

私たちが政治的行為というときには自分たちの要求を実現するための「手段」としてとらえることが多い。つまり政治的活動は、目的というよりは手段であり、いわば道具的なのである。しかし、アレントがここで考えようとしているのは、むしろそれ自体「目的的な政治活動」とでもいうべきものである。では、それはどういうことか。

私たちの今の生活に置き換えて考えてみると、私たちが政治というものを手段ではなく、目的としてとらえるというのは、実感しにくいかもしれない。それは、一部の政治を生業にしている人、政治を趣味とする政治オタク的な人を除けば、政治はあくまで手段であるという考えが普通だろう。しかし、たとえば昨年以来、頻繁に繰り返されている脱原発デモに参加し、様々な考えを持つ人々に出会い、何らかのパフォーマンスをしたり、人々の前で発言したり、時には、歌ったり、踊ったりする。そういうこと——まさに「活動」——の中で自分自身が、人びとに意見を聞いてもらったり、何らかの自己実現を感じたりすることは多いのではないだろうか。

ここでは、政治的行為はまったくの手段ではなく、そこに参加することとそれ自体が目的になる。そして、そこで自分自身をまさに、「なにwhat」ではなく、「何者who」として、自己開示していく。政治や公共性がそのような契機になるということは、日常的経験と照らし合わせても決して少なくはないのではないだろうか。

もちろんそのような政治への参加は、必ずしもリアルな生活を充実させるような、いわばリア充的な生きがいをもたらすものではないかもしれない。しかしたとえ束の間であったとしても、そこでの政治経験がその人にとってのかけがえのない自己開示になり、そうすることで、自らの市民性への回路を開いていく、そのてがかりを、アレントの政治的行為論は示唆している。しかもそれは、誰もが自らの難民性を受け入れつつ、同時にそれを反転させる契機にもなり得るのではないか。次章、第4章ではこの点を考えていくことにしたい。

＊1 アレント、『人間の条件』一九－二〇ページ
＊2 『人間の条件』、二〇ページ
＊3 『人間の条件』二一ページ
＊4 『人間の条件』三七一ページ
＊5 『人間の条件』三七二ページ
＊6 『人間の条件』三七三ページ
＊7 『人間の条件』三七四ページ
＊8 『人間の条件』三〇三－三〇四ページ
＊9 『人間の条件』三〇四ページ
＊10 『人間の条件』二九一－二九二ページ
＊11 『人間の条件』三一四－三一五ページ
＊12 観照的生活（vita contemplativa）は、人間の思考が行われる生活であり、労働、仕事、活動からなる活動的生活（vita activa）と対比的に位置づけられている。
＊13 『人間の条件』三一五ページ
＊14 藤本卓「〈制作〉と〈実践〉」（一）（二）（三）『高校生活指導』
＊15 『人間の条件』七九－八〇ページ
＊16 『人間の条件』八〇ページ
＊17 アレント、『政治の約束』四七ページ
＊18 浦沢直樹、『21世紀少年　下』小学館、二〇〇七年、一九〇－一九一ページ
＊19 菅野仁、『友だち幻想』、二五ページ
＊20 土井隆義、『友だち地獄』、五一ページ

＊21 橋本健二、『「格差」の戦後史』、一四七ページ

＊22 デリダ、『友愛のポリティックス2』、一一一ページ

＊23 Agamben, "The Friend", *What Is an Apparatus? and Other Essays*, pp.25-28

＊24 "The Friend", pp.25-28

＊25 "The Friend", pp.25-28

＊26 斉藤純一、『公共性』、二一ページ

＊27 エリザベス・ヤング＝ブルーエル、『ハンナ・アーレント伝』、四一二ページ

＊28 ハイデガー、『存在と時間Ⅰ』、三二八－三二九ページ

＊29 鴻上尚史、『「空気」と「世間」』、四二ページ

＊30 『「空気」と「世間」』、五一ページ

＊31 アレント、「実存哲学とは何か」、二四五ページ

＊32 ルッツ編、『アーレント＝ハイデガー往復書簡』、一五七ページ

＊33 川崎修、『ハンナ・アレントと現代思想』、三二ページ

第4章

社会的なるもの

前章で抽出した公共的世界が近代において衰退していった過程を
「社会的なるもの」の勃興と重ね合わせ論じているのも『人間の条件』の
大きなポイントのひとつだ。本章では、この点をフーコー、アガンベンをはじめ
何人かの近代思想家の論を参照しながら深めていく。
またアレントは「社会的なるもの」の勃興の過程で生じた大人と子どもの
関係性の変化に注目し「教育の危機」という重要な論文を
1958年に発表したが、本章後半は、この論文を読み解きながら
「難民化する子ども」という大きな問題を浮き出させていく。

前章まで、アレントが、公共性を担う市民の条件として想定している人間の思考活動と政治活動について検討してきた。アレントは、この公共性を担う市民の条件が、一八世紀から一九世紀の近代において、失われていった、あるいは、完全になくならないにしても、その位置がかなり低くなっていったということを強調する。その際の鍵となる概念が『人間の条件』で展開される「社会的なるもの（the social）」という概念である。本章ではこの「社会的なるもの」について、近代教育との関わりに焦点をあてて検討すると同時に、それが、ミシェル・フーコーやジョルジョ・アガンベンといった思想家が提起している生権力論のテーマとも関連している点に言及する。それによって、アレント自身が論じなかった現代という時代において、社会的なるものがどのように変容し、それが、アレントの考える公共性の復権、さらにいえば、政治的人間の復権の可能性を開いていることを明らかにしていきたい。

1 「社会的なるものの勃興」と公的領域の消失

公私の区分の崩壊と社会的なるものの勃興

ハンナ・アレントの近代認識の特徴は、「社会的なるもの」という概念に端的に示されている。彼女は近代を「社会的なるものの勃興」として把握する。この社会的なるものという概念は、公と私という概念との対比で用いられている。

そこで、アレントの近代認識をみる前提としてまず、公的領域と私的領域についてのとらえ方を、あらためて確認しておこう。彼女によれば、公的領域と私的領域は、古典古代のギリシアにおいては以下のように明瞭に区別されていた。

生活の私的領域と公的領域の間の区別は、家族の領域と政治的領域の区別に対応しており、それはもともと、少なくとも古代の都市国家の勃興以来、異なった別の実体として存在してきた。……（中略）……公的領域と私的領域、ポリスの領域と家族の領域、そして共通世界に係わる活動力と生命の維持に係わる活動力―これらそれぞれ二つのものの間の決定的な区別は、古代の政治思想がすべて自明の公理としていた区別である。[*1]

古代の公的領域は、生命の維持、再生産が行われる家族の領域（私的領域）からは独立した、それ自身として価値を持つ自律的領域である。それは、市民の「善き生活」が実現される領域であった。他方、私的領域としての家族は、公的領域での善き生活の実現に奉仕する手段的な地位に置かれていた。この点については、以下のように述べられている。

政治はけっして生命のためではない。ポリスの構成員にかんする限り、家族生活はポリスにおける『善き生活』のために存在するのである。[*2]

家族の私的領域というのは、生命の必要物、つまり、個体の生存と同時に種の持続にも必要なものが保護され、保証されている領域にほかならなかった。[*3]

この、私的領域としての家族が公的領域の手段的な地位に置かれていたことについては、別の側面から、以下のような表現もなされている。

ギリシア人は、「自分自身の」私生活の中で送る生活、逆にいえば、共通なものの世界の外部で送る生活は、本性上「愚かしい（idiotic）」と考えていたし、ローマ人は、私生活は公的なものの仕事から一時的に逃れる避難場所を提供するにすぎないと考えていた。[*4]

ところが、このような、生命の維持、再生産に関わる私的領域が公的領域の手段的地位に置かれるという関係は、一八世紀から一九世紀の近代になると逆転する。そうした事態をアレントは、近代における「社会的なるものの勃興」による公私の区分の崩壊という図式で把握する。

私的なものでもなく公的なものでもない社会的領域の出現は、比較的新しい現象であって、その起源は近代の出現と時を同じくし、その政治形態は国民国家に見られる。[*5]

そして、近代においては、家族における生命の維持、再生産それ自体が公共的な関心事となるととらえ、以下のように述べる。

社会とは、ただ生命の維持のためにのみ存在する相互依存の事実が公的な重要性を帯び、ただ生存にのみ結びついた活動力が公的領域に現われるのを許されている形式にほかならない。*6

公的なるものは私的なるものの一機能となり、私的なるものは残された唯一の公的関心になった。このため、生活の公的な分野と私的な分野はともに消え去った。*7

つまり社会的なるものの勃興によって、「生命の維持のためにのみ存在する相互依存の事実が公的な重要性」を帯びた結果、私的な領域から自立していた公的な領域が消失したと、アレントはとらえる。

もともと、公的領域とはどのような性格を持っていたのか

このようにアレントは、近代を、社会的なるものの勃興による公-私の区分の消失として叙述す

る。ここで、彼女の近代批判をみるうえで重要なのは、近代における社会的なるものの勃興が、公的領域の消失をもたらしたという点である。それでは近代に消失した公的領域とはどのような性格を持っていたのだろうか。アレントの公共性論の特徴は第3章でも検討したが、ここであらためて「社会的なるもの」との対比において確認しておこう。

アレントの考える公的領域とは第一に、自由（Freedom）が実現する領域である。アレントは自由を、以下のように述べている。

自由であるということは、生活の必要（必然）あるいは他人の命令に従属しないということに加えて、自分を命令する立場におかないという、二つのことを意味した。それは、支配もしなければ支配されもしないということであった。*8

ここでは特に、生活の必要からの解放という点に自由の意味を求めていることが重要である。それは、生活の必要という言葉から連想されるような金銭的問題に限らず、いわゆる生きるために必要なこと、食べる、食事を作るなど自分自身の生命を維持すること、さらに子どもを生むこと、そして育てることなど様々な生命維持のための家事労働まで含む概念だ。そして、これは後に述べるベーシックインカム論につながっていく部分も少なからずある。

そして公的領域で実現される平等とは、以下の引用にあるように、「ほかならぬ自由の本質」として把握される。すなわち、公的領域で活動する人間の平等性は、彼らが生命の維持に関わることがらから解放され、お互いに同格の人間として関わり合うという点に見い出されている。

平等は、現代のように正義と結びついているのではなく、ほかならぬ自由の本質だったのである。つまり、自由であることとは、支配に現われる不平等から自由であり、支配も被支配も存在しない領域を動くという意味であった。[*9]

私たちが普段考える平等というのは、分配的正義にもとづいたもの、より具体的にいうと富の平等を考えがちだが、アレントの場合は、平等をそのような富の平等としてではなく、自由の本質として、すなわち、人間の存在そのものが対等な価値で扱われているという意味においてとらえようとした。

アレントの考える公的領域の第二の特徴は、それが共通世界（common world）に関わる領域であるということだ。アレントによれば、『公的』という用語は、世界そのものを意味している」のであり、そこには以下のような意味が含まれている。

「公的」という用語は、世界そのものを意味している。なぜなら、世界とは、私たちすべての者に共通するものであり、私たちが私的に所有している場所とは異なるからである。しかし、ここでいう世界とは地球とか自然のことではない。地球とか自然は、人びとがその中を動き、有機的生命の一般的条件となっている限定的な空間にすぎない。むしろ、ここでいう世界は、人間の工作物や人間の手が作った製作物に結びついており、さらに、この人工的な世界に共生している人びとの間で進行する事象に結びついている。世界の中に共生するというのは、本質的には、ちょうど、テーブルがその周りに坐っている人びとの真中（ビトウィーン）に位置しているように、事物の世界がそれを共有している人びとの真中（ビトウィーン）にあるということを意味する。つまり、世界は、すべての介在者（イン・ビトウィーン）と同じように、人々を結びつけると同時に人々を分離させている。*10

公的世界というのは、所有物ではなく、むしろ私たち自身が、その中に存在している世界である。そして、さらに重要なのは、世界が、人びとを結びつけながら、分離させているという点である。これは、第3章で述べたように、人々の間の共通の本性を措定するような類の平等観とは、まったく異なり、人間存在の複数性（plurality）に根差した平等観であるといっていいだろう。複数の異なる人間が共にいるとき、複数の人間の異質性に注目すると、「分離」になる。他方で、共にいるという面に注目すると「結びつける」ということになる。つまり、「分離」と「結びつける」という一見、対照的な要素を合わせ持つのが公共性である。

さて、このような公共世界での複数性を、アレントは近代社会において客観性を担保している金銭と比較して、以下のように述べる。

（近代社会における）「客観性」の唯一の基盤は、あらゆる欲求を満足させる公分母としての金銭である。公的領域のリアリティは、これとまったく異なって、無数の遠近法（パースペクティブ）と側面（アスペクト）が同時的に存在する場合に確証される。なぜなら、このような無数の遠近法と側面の中にこそ、共通世界がおのずとその姿を現わすからである。しかも、このような無数の遠近法と側面にたいしては、共通の尺度や公分母をけっして考案することはできない。なぜなら、なるほど共通世界は万人に共通の集会場ではあるが、そこに集まる人びとは、その中で、それぞれ異なった場所を占めているからである。*11

無数の遠近法（パースペクティブ）と側面（アスペクト）が同時的に存在するとは、どういうことだろうか？　それは、異質な他者がそこにいる以上、同じ事象を見るにしてもものの見え方も多種多様であり、それは文化を異にする、性別を異にする等々、様々な違いによって見え方が違ってくる。しかし、それが共存しているところに公的社会のリアリティがある。それを共通の尺度、たとえば金銭などによって一律に評価することは本来的には不可能であり、共通の尺度、共通の公分母を考案することはできないということではないだろうか。

しかしそうした世界の複数性は、次にみるように、社会的なるものの勃興によって失われていく。*12

公的領域の消失

以上、アレントが公的領域をどのようなものとしてとらえているかを二点に整理して概観した。繰り返して簡潔にまとめてみると、公的領域とは「自由が実現する領域」、「共通世界に関わる領域」ということになる。そして、これをふまえれば、近代における社会的なるものの勃興とそれによる公的領域の消失がどのような帰結を持つものとして把握されるかは、おのずと明白になるだろう。

まず、「平等」という概念の変化だ。

すでにみたように、近代の「社会的なるものの勃興」は、生命の維持という人間の自己保存に関わることがらが、公共的関心事を支配していく事態を指していた。ここでいう「生命の維持という人間の自己保存に関わることがら」とは、文字通り生きるために必要なこと（それは経済的問題、健康の問題、出産、子育ての問題等々）であり、それは本来、私的領域で、いわば、ひそひそ声で行われるべきものだった。しかし、その公共的関心事の向かうベクトルは画一的にならざるをえないし、単一的な利害関心の方向性を生み出していく。それは、複数性とは相容れず、むしろ複数性を破壊する要素すら有している、そうアレントはみる。

その結果、かつての公的領域では、異質な価値観を持つ同格者として関わり合うという意味でとらえられていた平等は、社会的なるものの勃興の結果、単一の尺度によってはかられる画一的な平等へとその意味を変質させていくのだ。この点をアレントは以下のように述べる。

近代の平等は、このような社会に固有の画一主義にもとづいており、すべての点で古代、とりわけギリシアの都市国家の平等と異なっている。かつて、少数の「平等なる者（homoioi）」に属するということは、自分と同じ同格者の間に生活することが許されるという意味であった。しかし、公的領域そのものにほかならないポリスは、激しい競技精神で満たされていて、どんな人でも、自分を常に他人と区別しなければならず、ユニークな偉業や成績によって、自分が万人の中で最良のものであること（aien aristeuein）を示さなければならなかった。*13

また、社会的なるものの勃興による公的領域の消失における第二の特徴は、人々を結びつけると同時に分離していた「共通世界の解体」をもたらすという点にある。公的領域が失われた後に、人間存在の共通性を担保するものとして登場するのが、すでに述べた貨幣である。そして貨幣という単一の価値尺度と遠近法が、それ以外の複数の遠近法を排除していく。こうして、「複数性（plurality）という人間の条件*14」が担保されるべき共通世界は、近代においてその存立基盤を喪失してしまうのである。

2 「社会的なるもの」と近代教育

以上、ハンナ・アレントの近代批判の論理を、社会的なるものの勃興による公的領域の消失という観点から、素描した。それをふまえて本節では、ハンナ・アレントにおける「社会的なるもの」のイメージをより具体的なものとしてイメージするために、「社会的なるもの」に含まれている近代教育の論理を抽出する。そのことによって、彼女の近代批判が、近代教育批判の論理とむすびつく必然性を明らかにする。

社会的なるものの勃興と公的領域の消失は、単一の価値尺度にもとづく画一的な平等の支配と、複数性を担保する共通世界の解体を招来した、というのが前節で確認したアレントの近代批判の骨子であった。

その際、社会的なるものの勃興は、生命の維持という私的な営みが公共的な関心事となっていく事態として、押さえられていた。この生命の維持という私的な営みが公共的関心事となるというアレントの近代認識の根幹に関わる事態が、実は、近代教育の本質と深いところで通底していることを明らかにするのが、本節のねらいである。そのためにまず、このアレントの近代認識が、近代家族および近代学校の成立に関する社会史研究の知見と明瞭に符合している点を確認しておきたい。

子どもへの関心の高まり

まず、指摘しておかなければならないのは、近代になって、子どもを生み育てるということに対する社会的な関心が高まっていくという点である。たとえば、社会史家のミシェル・ペローは、西ヨーロッパで公的な世界が自律的な価値を体現していた時代には、「私的」とは無価値に等しいものであったと指摘する。これは、前述のアレントが、「ギリシア人は私生活を本性上愚かしいと考えていたし、ローマ人は、私生活は公的なものの仕事から一時的に逃れる避難場所を提供するにすぎないと考えていた」と指摘していることと、重なる。しかしペローによれば、一八世紀以降、「次第に価値の転換が生じてきて、私生活は徐々に幸福という観念と同質のものとみなされるようになる」という。[*15]

このように、それまで社会的には無価値とされてきた私生活が幸福という観念とむすびついて社会的価値を獲得していく際に重要な役割を果たすのが、子どもへの社会的関心の高まりである。すなわち、一九世紀になると、人口学上の要因、市民形成と国民統合の要請、犯罪予防の必要といった諸要因から社会的存在としての子どもへの関心が高まる。そして子どもの利益のためという名目で親権に対する社会的、国家的制限が加えられる。このような、近代における私生活の価値上昇と、そこへの社会、国家的干渉の高まりが同時的に進行していく際の鍵となっているのが、「国家の干渉がなされるきわめつけの領域をなしており、そこでこそ、フーコーがいうところの『バイオポリティクス（生政治）』がまさに展開されることになる」、近代的子ども観にほかならないと、ペローは指摘する。[*16]

これは、子どもを生み、育てるという生命の維持と再生産に関る行為が近代において公共的な意義を獲得していくということを指摘するものである。その点で、先にみたアレントの社会的なるものの勃興に関する指摘、すなわち、「社会とは、ただ生命の維持のためにのみ存在する相互依存の事実が公的な重要性を帯び、ただ生存にのみ結びついた活動力が公的領域に現われるのを許されている形式にほかならない」と、見事に符合している。

家族による統治

このような、子どもを生み育てるということに対する社会的な関心が高まっていくという事態が、公と私との区分の崩壊と、それに代わる「社会」という領域の成立というアレントの問題設定と重なるものであることをより端的に示す例としては、ジャック・ドンズロの研究がある。ドンズロは、子どもを生み育てる家族が近代以降、社会的に整備、普及されていくありようを、近代国家の統治戦略の場に即して分析した。そして彼は、このような統治戦略の場としての家族の性格を、アレントと同じ「社会的なるもの」という用語で把握している。

そうすると、最初の対象である家族がぼやけてきて、その代わりに社会的なるものが現われるのが見られよう。家族は、社会的なものの女王であると同時に、その囚人である。家族の変形のプロセスの全体は、われわれの社会に特に秩序維持がなされた特徴を与える。現代的なかたちの統合を位置づけるプロセスでもある。*17

ここでドンズロが近代における社会的なるものの台頭を語る際に用いるのは、「家族の統治」から「家族による統治」への変化という把握である。この「家族の統治」から「家族による統治」への変化ということでドンズロは何を言おうとしているのだろうか。

まず、「家族の統治」という言葉でドンズロが語ろうとしたのは、フランスで市民革命以前の旧体制（アンシャン・レジーム）期の「家長の権利と国家の権利」の一体化によって秩序が維持されているありようである。

これに対して、市民革命が起こる一八世紀以降は、「家族の統治」とは異なる新しい統治戦略である「家族による統治」が採用されるという。ここでは、家長の力の強化ではなく、むしろ、女性と子どもの自律性の向上が重視される。すなわち、家長の権限の強い家族ではなく、子どもの幸福と利益の名のもとに教育的配慮がなされる場として家族がとらえられていくということである。[*18]

アガンベンとフーコー　生権力論

ここまでみてきたペローとドンズロが共に依拠しているのは、人間の生の開発に着目して国家の統治戦略を分析するフーコーのバイオパワー（生権力）論である。このフーコーの生権力論とアレントの社会的なるものの勃興という近代認識とは、重なる部分が多い。

そこで、以下ではこの生権力論に関してのフーコーの議論を彼の『性の歴史』第一巻に着目して、また、「政治的な生」と「生物学的な生」という視点で生のあり方を複眼的に捉えていた現代イタリアの政治哲学者ジョルジョ・アガンベンの議論を『人権の彼方に』や『ホモ・サケル』に注目し、それぞれ検討してみたい。*19

まずアガンベンについてであるが、一九世紀以降発展していく福祉国家では、福祉国家の成員である国民はシティズンシップ(市民性、市民権)を有するが、そこでのシティズンシップは、政治的な権利と生存に関わる権利とを包括するものとしてとらえられてきた。この状態を、アガンベンは、アレントの『人間の条件』での議論をふまえて、近代の政治は、政治的な生(古代ギリシア語のビオス)と生物学的な生(古代ギリシア語のゾーエー)を一緒にしてとらえていたと述べる。

近代以前には政治的な生と生物学的な生は、必ずしも同一視されていたわけではない。政治的には何の権利も持たない大多数の庶民が、経済活動を行い、日常生活を過ごしながら生物学的な生を営んでいた。政治的な生と生物学的な生が同一視されたのは思想史的にはアレントのいう社会的なるものが勃興し、一九世紀に国民国家が成立し、それが福祉国家として発展する中で、国家の国民になるということと、その人の生命が保障されるということが同じものとされるようになって以降である。だからこそ、アレントが『全体主義の起原』で分析したように、ヒトラーのナチスはユダヤ人を政治的に抹殺する(記憶の空間から消去する)ために彼らの生存そのものを抹殺しようとしたのである。

この近代以降の政治的な生と生物学的な生の一体化について、アガンベンは次のように批判的にとらえている。

古典的な政治は、ゾーエーzoeとビオスbiosの間、自然な生と政治的な生の間、家の中に居場所をもつ、たんなる生きものとしての人間と、都市《ポリス》に居場所をもつ、政治的主体としての人間の間を、はっきりと区別していた。ところが、われわれにはこの区別がどのようなことなのかがもうまったくわからなくなっている。われわれは、ゾーエーとビオスのいかなる区別もできない。生きている存在としてのわれわれの生物学的な生とわれわれの政治的実存、声のない交流不可能なものと口にしうる交流可能なものとのいかなる区別もできない。

フランスの哲学者ミシェル・フーコーが、「生権力」という概念で表現したのも、まさにこの政治的生と生物学的な生の一体化から生まれてくる様々な事象である。

フーコーによれば、近代以前の権力は、生殺与奪の権力、死に対する権力であったが、近代の権力は、むしろ生かす権力である。つまり、生命をいかに効率よく活用するかが近代的権力の主要な関心事となったという。この近代の生権力をフーコーは、二つの側面から特徴づける。一つは人口に対する「生−政治」の側面であり、もう一つは身体に対する「解剖−政治」の側面である。

このうち前出のドンズロらの議論と直接関係するのは生−政治の側面である。それは具体的には、人口を調節することである。国民に子どもをどれだけ産ませるかが政治的な統制の対象となったことは産業革命を経た近代国民国家の特徴である。富国強兵にしろ、殖産興業にしろ、どれだけの人数を資源として活用できるかに国家が関心を向けたのである。そこから優生学という思想も出てきたし、人口調節の技術も発達した。

子どもを生むということと性的な快楽が結びついたのもちょうどこの時代だとフーコーは指摘している。このような生－政治によって、生殖を含んだ子生み・子育ての問題が、単なる私的な問題でなく、公的、政治的な課題としてもとらえられるようになったのである。

したがって、前述したような社会的なるものの勃興による公私の区分の崩壊、私的なものの価値上昇の背景には、ここでアガンベンやフーコーが提起する「生権力」の台頭があったということができる。

以上、本節までの検証で、ハンナ・アレントが指摘するような近代における社会的なるものの勃興が、公共的世界の崩壊をもたらし、それが子どもを生み育てることを大切にするという近代教育の成立と密接に関連しているという流れがみえてきた。ここで再度、そこでのポイントを三点にまとめてみたい。

まずひとつめは、生命の維持と再生産に関わることがらが公共的な関心事となるという点である。次に、「社会的なるものの勃興」によって、公的領域の自律性が消失し、公私の区分が解体したという点である。そして最後に、子どもへの関心の高まりが、生命の維持と再生産の関心への高まりと結びついて、社会的なるものの勃興と近代教育の一体性を強化していくという点である。

だとすれば、アレントの近代批判の論理は必然的にそのまま、近代教育批判の論理へと接続するはずである。次節では、その点を検証したい。

3 ハンナ・アレントの近代教育批判

アレントの教育本質論

すでにみたように、社会的なるものの勃興というアレントの近代認識には、明瞭な批判的含意が込められていた。それは、複数性という人間の条件を担保する共通世界の解体であり、また、それに代わる画一的な平等の支配であった。

彼女の近代認識が、前節でみたように近代教育の本質と深いところでつながっているのであるとすれば、このような彼女の近代に関する批判的含意は、当然近代教育にも及ぶものと思われる。事実アレントは教育についてまとまった形で考察した論稿の中で、その点を議論している。本節では、『人間の条件』と同時期に書かれた『過去と未来の間』所収の「教育の危機」という論文を読み解くことを中心に考えていきたい。

アレントの近代教育批判をみる前にまずその前提として、アレントがそもそも教育というものの本質をいかなるものとしてとらえているのかを確認しておきたい。この点についてアレントは以下のように述べる。

人間の親は、受胎と分娩によって子どもを生命へと呼び出しただけでなく、同時に子どもを世界のうちへと導き入れたのである。親は教育において子どもの生命と発達、および世界の存続という二つの責任を負う。[20]

つまり、アレントによれば、そもそも子どもの教育には、二つの側面があるということになる。第一は、子どもに生命を与えるという側面であり、第二は、子どもを世界の中に導き入れるという側面である。この教育の二つの側面は、必ずしも調和的に共存可能なものではない。アレントはこう続ける。

この二つの責任はけっして一致しない。実際、両者は相互に対立する。子どもの発達に対する責任は、或る意味で世界に敵対する。子どもは、「発達するために」世界から破壊的なことが何一つふりかからないように特別の保護と気遣いを必要としている。しかし世界もまた「存続するために」、世代交代のたびに世界を襲う新しい者の攻撃によって、荒廃させられたり破壊されたりしないように保護を必要とする。[21]

このように教育の二つの側面は、調和的に共存可能なものでないだけでなく、むしろ、一方の存在が他方の存在にとっての破壊要因となり得るような、「相互に対立する」ことすら内に含んでいる。例えば、生命の発展と成長にとっては、「世界から破壊的なことが何一つふりかからないように特別の保護と気遣いを必要としている」。また他方、「世界もまた（存続するために）、世代交代のたびに世界を襲う新しい者の攻撃によって、荒廃させられたり破壊されたりしないように保護を必要とする」という。

ここから、前述のように、「親は教育において子どもの生命と発達、および世界の存続という二つの責任を負う」という、彼女の教育の本質についての認識が示される。

このような教育についての二つの側面は、ちょうど、古典古代における公的領域と私的領域との区別に対応しており、その差異が溶解していく近代への移行をアレントは次のように語る。

> 近代社会が、私的なものと公的なものとの区別、隠されることによってのみ生育できるものと、公的世界の全き光のもとにすべてをさらす必要のあるものとの区別を完全に捨て去れば捨て去るほど、換言すれば、近代社会が、社会的領域――私的なものを公的なものにし、逆に公的なものを私的なものにする――を私的なものと公的なものとの間に導き入れれば入れるほど、子どもにとって事情は悪化する。子どもは、妨げられることなく成熟するために、安全な隠れ場所を本性上必要とするのである。[*22]

ここでいう「妨げられずに成熟するに安全な隠れ場所」を確保してくれるのは私的領域である。アレントは次のように述べる。

人びとがその内側で私的な家族生活を送る四つの壁は、世界に対する、とりわけ世界の公的側面に対する防護壁をなしている。壁は安全な場所を囲い込んでいるのであり、それなしにはいかなる生き物も生育できない。これは子どもの生だけでなく、人間の生全般にあてはまる。[*23]

それに対して、子どもを世界に導くためには別の機関が要請される。それが学校であるとアレントは考える。

通常、子どもが最初に世界に導かれるのは学校においてである。ところで、学校はけっして世界ではなく、また偽って世界と称すべきものでもない。むしろ、学校はそもそも家族から世界への移行を可能にするために、われわれが家庭の私的領域と世界との間に挿入した制度である。学校で学ぶことは、家族によってではなく、国家すなわち公的世界によって要求されている。したがって、学校は、現実にはまだ世界ではないとはいえ、子どもに関しては或る意味で世界を代表する。[*24]

こうして、一方では子どもの生命の成長と発展が、公的領域から遮断された私的領域で行われるべきものとして考えられている。そしてそれは、「子どもの福祉[*25]」に関わる側面としてとらえられる。また他方では、教育のもう一つの側面として、世界の存続に対して責任を持つ大人が子どもを世界に導き入れるという水準の問題が設定される。こちらは通常学校で行われるべきものとしてとらえられる。

まさに、どの子どもにもある新しく革命的なもののために、教育は保守的でなければならない。教育はこの新しさを守り、それを一つの新しいものとして旧い世界に導き入れねばならない。旧い世界は、その活動がいかに革命的であろうと、来たるべき世代の立場からすればつねに老朽化し、破滅に瀕しているのであるから。[*26]

ここでアレントがいうように、世界を破滅から救うための鍵となるものとして重要視するのは、主としてこの、子どもの中にある新しさを保持しながら、それを新しいものとして古い世界に持ちこむための教育である。

異文化としての子ども

ここでいわれている「新しさ」とは、言い換えれば、古い世界の側にとっての異文化性＝他者性を表現する言葉にほかならない。[*27]そして複数性という人間の条件が担保される場である共通世界は、このような異文化性の絶え間ない取り込みを行わずしては存続不可能な性格をそもそも有している。したがってアレントにとって教育はいわば、新しいもの＝異文化としての子どもを、その新しさ＝異文化性を保持しつつ古い世界の中に持ち込んで、世界を破滅から救うための賭け金であった。そうした認識には、子どもを未完成の大人としてではなく「世界への新参者」＝他者としてとらえようというモチーフが託されていた。*28

教育は、われわれが世界に対する責任を引き受けるほどに世界を愛するかどうか、同じ意味で、更新することなしには、また新しく若いものが到来することなしには、必ずやってくる破滅から世界を救うかどうか、それを決定する分岐点である。*29

このようなアレントの教育本質論からは、大人と子どもの関係は次のように把握される。すなわちまず、大人は子どもを自分たちとは異なる存在、すなわち自分たち古い世代に対する新しい世代として認知し、そのうえで自身の古い世界に対する責任を引き受けることが要請される。このことは裏からいえば、子どもという異文化性を大人が安易に受容することによってそれに屈服することは、教育者としては許されないということを含意している。また、大人と子どもの関係は大人同士の世界（共通世界）での関係とは異なるものであるから、大人は子どもに対して、「大人同士がとる態度とは根本的に異なる態度をとらなければならない*30」とされる。ここに、教育的関係に本質的につきまとう保守性の由来がある。

近代における教育の危機

近代における社会の勃興と公私の区別の解体によって、生命の維持と再生産という人間の生物的自己保存に関わる諸活動が公共的場面に登場した。このような事態の中で、上でみたような教育の本質は危機に陥ると、アレントはとらえる。

近代教育は、それが子どもの世界を確立しようとするかぎり、生き生きとした発達と成長に必要な条件を破壊している。このことははっきりしている。*31

そしてその理由として、教育を超えて近代社会での私的、公的世界の捉え方のうちの誤りを指摘する。

この奇妙な事態が生じた理由は、教育とは直接の関係はない。その原因はむしろ、近代の始まり以来、近代社会を特徴づけてきた私的生活と公的世界の本質や、両者の相互関係についての判断と偏見のうちにある。*32

その判断と、偏見とは、生命――すなわち家族と個人の現世の生――を最高善とみなすということだ。

近代社会は、生命を最高善と見なすことによって、それ以前のすべての時代と対照的に、現世の生とそれを維持し豊かにすることに関わる一切の活動様式を私的領域の隠蔽性から解放し、それらを公的世界の光にさらしたのである。これが労働者と女性の解放の現実の意味である。いうまでもなく、この解放は人格としての解放ではなく、かれらが社会の生命過程に必要な機能を遂行するかぎりにおいてのものである。この解放の過程から最後に影響をこうむったのは、子どもであった。*33

家族の現世的生活として行われる生命の発展と成長が、単なる手段的な価値ではなくそれ自体、最高の善であるという目的に見なされるようになっていくという点に、近代の特質がある。その帰結として近代教育は、子どもを生活の主体としてとらえ、彼らを解放しようとした。しかしアレントによれば、そのことでかえって、彼らの生命の発展と成長の条件が、皮肉にも損なわれることになってしまうというのである。

また、このような子どもの福祉への社会的関心の増大、子どもを生活主体としてとらえる児童中心主義の登場は、別の帰結をもたらす。それは、教育のもう一つの側面である、子どもを世界に導くという点での危機の招来である。それは、「子どもの世界が絶対化され」て、「子どもの独立を尊重するという口実のもとに、子どもは大人の世界から締めだされる」[*34]結果、子どもが「人工的に子ども自身の世界に閉じ込められ」、上でみたような大人と子どもの関係が、自覚的には問われなくなってしまうという事態と関連している。すなわち、子どもの教育に際して、大人は子どもが導かれていく世界の一切に対する責任を拒否するに至っている点である。

生命の維持という自己保存的価値が優位化していく近代教育の問題構成は、一面で大人とは異なる保護されるべき対象としての子どもを発見した。同時に他方でそのことは、上述したように、そうした子どもの世界の絶対化、普遍化への志向性を内包していた。しかしながら、この普遍化の志向性は、複数性という人間の条件を担保する共通世界の論理とは、原理的に相入れないものである。なぜならば、「複数性」とは、「それぞれに個性をもった個々の人間の個体性の徹底的な肯定」であり、この「徹底した個体主義」は「反普遍理論」にほかならないからである。[*35]

したがって、生存的価値やその体現者としての子どもの世界の絶対化、普遍化は、古い世代の側がそうした価値に屈服する(=古い世界への共同責任を引き受けることを拒否する)ことを媒介として、共通世界の解体、破滅を促進していくと、アレントはみるのである。

そういう意味で、新参者=他者としての子どもを世界に導き入れ、共通世界を維持、存続させていこうというハンナ・アレントの教育認識は、近代教育の持つ普遍化志向性に対する一つの批判の論理を提供するものであるということができる。それは、社会的なるものの勃興によって複数性という人間の条件が解体し、公的世界における多元的な平等に代わって単一の尺度にもとづく近代社会の画一的平等が支配していく過程と、近代教育が体現している普遍性との間の通底性に対する、批判的視座にほかならない。

4 難民化する子どもと「政治的人間」の再興

アレントが論じなかった現代

前節までで見てきた社会的なるものの勃興と公共性の衰退というアレントの近代認識が、アレントが論じなかった現代においてどのように変容しているのかを、本章の最後に検討しておきたい。すでに第1章でもみたように、『全体主義の起原』でアレント自身が論じていることでもあるが、一八世紀から一九世紀に展開した「社会的なるもの」の勃興は、二〇世紀になって変容をこうむっている。それは、一九世紀の国民国家が二〇世紀にゆらぎ、難民を再生産しているという『全体主義の起原』の分析に示されているとおりである。

そしてこのような難民化の動向は、二〇世紀後半から二一世紀の現代にかけて、いっそう顕著になっている。福祉国家体制の崩壊、あるいはゆらぎの中で、「社会的なるもの」の衰退、縮小とでもいうべき現象が立ち現れつつある。フーコーのいう「生権力」的なものにすべての人間を取りこむことができなくなっていくということでもある。つまり、現代社会では、「生権力」、「社会的なるもの」が完全な形で、人びとの社会を覆いつくすことが原理的に不可能になりつつある。「社会的なるもの」が勃興した時代にはひろく行き届いていた国家や行政による生命の維持と配慮が、現代は、どんどん限定化されていっている。それは、自己決定、自己責任というような表現で言われ、福祉国家が縮小しつつある社会なのだ。故に、難民が生まれてくる。そのことは、他方において、アレントが考えるような公共性が立ち上がってくる現実的条件にもなりうる。

つまり、福祉国家体制がゆらぎ、社会的なものが縮小していく現代は、難民的な状態を再生産する可能性を拡大する一方で、アレントが考えていた公共性の復権、生命の維持と再生産から自由な政治的人間が再興する条件を作り出している面もあるのではないか。本節では、この点をみていくことにしたい。

フーコーの生権力モデルの変化：規律訓練型権力から環境管理型権力へ

前述のように、近代の生権力をフーコーは、二つの側面から特徴づけた。一つは人口に対する「生－政治」の側面であり、もう一つは身体に対する「解剖－政治」の側面である。このうち後者の「解剖－政治」の側面に対応するのが、監獄をモデルとした規律訓練権力である。具体的には、監獄中央の監視人の部屋と周縁の囚人の部屋との間にマジック・ミラーのようなスクリーンを設置して、監視人の側からは囚人が見えるけれども、囚人の側からは監視人が見えないという仕組みを想定する。

〈一望監視装置〉は、見る＝見られるという一対の事態を切離す機械仕掛けであって、その円周状の建物の内部では人は完全に見られるが、決して見るわけにはいかず、中央部の塔のなかからは人はいっさいを見るが、けっして見られはしないのである。これは重要な装置だ。なぜならそれは権力を自動的なものにし、権力を没個人化するからである。その権力の本源は、或る人格のなかには存せず、身体・表面・光・視線などの慎重な配置のなかに、そして個々人が掌握される関係をその内的機構が生み出すそうした仕掛のなかに存している。[*36]

つまり、個人が自分自身を律することができるような非人格化、没個人化された権力の装置として開発されたのが一望監視装置である。それは、個人が自身で自身を律することによって、服従しつつ主体になる、主体化＝服従化のメカニズムを保証するシステムである。

ところが、このような規律訓練型権力は、二〇世紀の末以降、変わりつつあることが指摘されている。たとえば、ドゥルーズは、自分で自分を律する主体化＝服従化のメカニズムに依拠しない、人間の行動を直接コントロールする権力が拡大しつつあることを指摘している。[*37] つまり、現代社会における権力は、法や規範によって個人を主体にして行く規律訓練型権力から、法や規範を媒介とせずにアーキテクチャ（環境設計）によって個人が生きる環境をコントロールしていく環境管理型権力へと転換しているというのだ。かかる事態を、東浩紀は以下のように述べる。

規律訓練型権力は法と規範に宿る。管理型権力はアーキテクチャに宿る。前者は視線の内面化を必要とし、後者は必要としない。そして私たちの社会は、人々の行為を制限し、公共秩序を保つため、ますます後者の方法に依存し始めている。*38

規律社会とは、主体化による包摂をめざし、規律訓練型権力が作動する社会であり、学校は監獄の比喩でとらえられる。

これに対して、環境管理型権力が作動する社会では、学校は、以下のアガンベンの議論に代表されるような、排除をめざす収容所の比喩でとらえられる。

監獄モデルから収容所モデルへの転換

アガンベンは「ホモ・サケル」という表象を用いて、ポスト国民国家、ポスト福祉国家段階における排除の構造を理論化しようとする。ここでホモ・サケルというのは、もともとは、古代ローマ法において登場する、殺害が処罰されず、同時に、犠牲も禁止され、それによって、刑法と宗教法の両方の適用の外に置かれているような人のことである。アガンベンはこのホモ・サケルの表象を、ナチズムの強制収容所で虐殺された人々から、さらにはポスト国民国家段階における排除一般へと拡大適用しようとする。

本書の主人公は剝き出しの生である。すなわち、ホモ・サケルの、殺害可能かつ犠牲化不可能な生である。我々は、この生が近代の政治において果たしている本質的な働きを求めようとした。人間の生がもっぱらその排除（つまりその生の端的な殺害可能性）という形でのみ秩序に包含される、ローマの古法のこの不明瞭な形象は、このように、主権に関する数々のテクストの秘法、いや、一般的に政治権力の諸規準自体の秘法をあばくための鍵を与えてくれる。*[39]

前述したようにアガンベンは、人間の生を語る際、政治的な生（古代ギリシア語のビオス）と生物学的な生（古代ギリシア語のゾーエー）の区別に着目する。このように古代ギリシアの段階ではもともと区別されていた政治的な生と生物学的な生は、社会的なるものの勃興によって一九世紀に国民国家が成立し、それが二〇世紀に福祉国家として発展する中で、同一視されるようになっていく。そして、このようなアガンベンの議論の背景には、フーコーの「生権力」論があるということは、第二節で述べた。フーコーによれば、近代以前の権力は、生殺与奪の権力、死に対する権力であったが、近代の権力は、むしろ生かす権力である。生命をいかに効率よく活用するかが近代的権力の主要な関心事となったという。国家の国民になるということと、その人の生命が保障されるということが同じものとされるようになっていくのである。

アガンベンはこのフーコーの生権力論をふまえつつ、むしろそれを逆手にとって、生権力の生かさない側面に注目した論を展開する。すなわち、政治的な生と生物学的な生が一体化した生権力において、人々を政治的に包含するために生かす権力が動員されるとすれば、逆に、人々を政治的に排除するためにはその人の政治的な生のみならず、生物学的な生をも否定しなければならなくなるはずだからである。このことが顕在化したのが二〇世紀の全体主義、特に、ナチスの収容所におけるユダヤ人虐殺であったと、アガンベンは見る。

だからこそ、アガンベンにとって、近代性の範例をなすのは、制度でいえば、フーコーのように工場や学校ではなく、強制収容所となるのであり、対象でいえば、囚人や生徒ではなく難民となるのである。*[40]

そして、このアガンベンの視線をふまえるならば、近代教育制度における学校という存在は、生権力の変容によって監獄モデルから収容所モデルになったといえるのではないだろうか。第1章で挙げた、いくつかのスクールカーストなどの事例は、このように解釈することで理解が可能になる。スクールカーストの問題は、ここで、難民化する子どもの問題へと接合する。

難民化する子ども

以上をふまえるならば、ポスト国民国家、ポスト福祉国家段階における学校と子どもの表象は、フーコー的な監獄としての学校と、そこでの囚人としての子どもから、アガンベン的な難民収容所としての学校と、そこでの難民としての子どもへと、転換しつつあるということもできる。

難民収容所は、監獄とは違って、囚人を更生させて世の中に送り出す機能を期待されていない。今の学校は、フーコーが描いたような監獄としての機能よりもむしろ、すべてではないにしても、ある意味において、見捨てられた状況に子どもがおかれるスクールカーストに象徴されるように、アガンベンが描いたような難民収容所化している側面がある。

しかし、逆説的なのだが、その収容所化された学校において生まれた難民の存在のうちに、そこから新しい意味での市民が胚胎する可能性が出てくるのではないか。

その一つのてがかりとして、ベーシックインカムの問題に触れておきたい。

ベーシックインカムと政治的人間の再興

ベーシックインカムとは、すべての人に最低限度の所得を保障する制度の総称である。フリードマン的な負の所得税からマルクス的な無条件の所得保障論まで、その幅は多岐にわたるが、共通しているのは、労働の対価としてではない形での所得保障を普遍的に行おうという発想である。*41

近年、このベーシックインカムの意義をアレントの思想と結びつけてとらえようとする流れが台頭しつつある。たとえばバードカレッジアレントセンターのロジャー・バーコウィッツは、ベーシックインカムを「アレントが賃仕事人（jobholder）の社会によってもたらされると診断した問題に対する処方箋を提供するもの」であると評価する。アレントは『人間の条件』の中で、「生命を維持するのに必要な唯一の活動力である労働を中心とする」社会を「賃仕事人（jobholder）」の社会ととらえ、それが公的領域と政治の自律性を解体していると診断している。[*42] バーコウィッツによれば、ベーシックインカムはこのような労働を中心とする社会の改革に寄与するから、「アレント的なアイディアの実現する時代が到来した」と主張するのである。[*43]

また、労働規範の相対化をめざすジグムント・バウマンのベーシックインカム論でも、ハンナ・アレントの議論が参照されている。バウマンのベーシックインカム論は、アレントの議論に依拠しつつ「共和主義的生活やシティズンシップの基礎的条件を維持ないし回復する必要性」という点からベーシックインカムの意義を説き起こし、その延長線上に「政治の発見」を見通そうとしている点に特徴がある。[*44] それは、かつて永井陽之助がアレントを導入しつつ「公的なものと私的なもの」の二元的対立の緊張を基底において「政治的人間」の再興を企図したモチーフとも、通じ合う点がある。[*45]

以上のような、アレントとベーシックインカムをつなぐ一連の議論は、社会的なるものが縮小し難民的状況が普遍化していく現代において、生きることを目的ではなく手段的な価値に置く政治的人間の再興可能性を示唆しているとはいえないだろうか。

＊1　アレント、『人間の条件』、四九－五〇ページ
＊2　アレント、『人間の条件』、五九ページ
＊3　アレント、『人間の条件』、七〇ページ
＊4　アレント、『人間の条件』、五九－六〇ページ
＊5　アレント、『人間の条件』、四九ページ
＊6　アレント、『人間の条件』、七一ページ
＊7　アレント、『人間の条件』、九八ページ
＊8　アレント、『人間の条件』、五三－五四ページ
＊9　アレント、『人間の条件』、五四ページ
＊10　アレント、『人間の条件』、七八－七九ページ
＊11　アレント、『人間の条件』、八五ページ
＊12　アレントの『人間の条件』では、「公的領域」、「共通世界」、「世界」が、区別されず互換的に用いられている。このようなアレントの用語法は、ハイデガーにおける前反省的な日常的現存在性の対象指示概念、日常性に埋没している「世人」という概念とは一応異なる。ただしそこには、ハイデガーの影響と彼への批判というアレントのモチーフが看取される。この点については、第3章でやや立ち入って指摘しておいたので、参照いただければと思う。
＊13　アレント、『人間の条件』六五ページ
＊14　アレント、『人間の条件』一〇八ページ
＊15　ペロー、「私的領域と権力」、二八ページ
＊16　「私的領域と権力」、三三－三五ページ
＊17　ドンズロ、『家族に介入する社会』、七ページ
＊18　ドンズロの『家族に介入する社会』の中では、gouvernementを「管理」と訳している（五四ページなど）が、本書では後述するフーコーのgovernmentality（統治性）との関連性を意識して、「統治」という訳語を採用した。この点については、小玉亮子「八〇年代以降の家族論における子どもの問題」を参照。このテーマに関わるフーコーの論稿とそれに影響を受けたドンズロらの論稿が併せて収録されている論集としては、以下のものを参照。Graham Burchell, Colin Gordon, Peter Miller(ed.), *The Foucault Effect: Studies in governmentality*, Harvester Wheatsheaf, 1991.
＊19　アガンベン、『人権の彼方に』、一四二－一四三ページ、フーコー『生の歴史I　知への意志』、一七六－一七七ページ
＊20　アレント、「教育の危機」、二五〇ページ
＊21　「教育の危機」、二五〇ページ
＊22　「教育の危機」、二五三ページ
＊23　「教育の危機」、二五一ページ
＊24　「教育の危機」、二五四ページ
＊25　「教育の危機」、二五四ページ
＊26　「教育の危機」、二五九－二六〇ページ

*27 本田和子は、「秩序の中におくれて出現し、文化の外に置かれた存在として、子どもは常に反秩序的である」という子どもの存在性を、「子どもの『他者性』『異文化性』」として把握する。本田和子、『異文化としての子ども』、二〇ページ

*28 「教育の危機」、二五〇ページ

*29 「教育の危機」、二六四ページ

*30 「教育の危機」、二六三ページ

*31 「教育の危機」、二五二ページ

*32 「教育の危機」、二五二ページ

*33 「教育の危機」、二五三ページ

*34 「教育の危機」、二四八ページ

*35 川崎修、『ハンナ・アレントと現代思想』、二〇六―二〇七

*36 フーコー、『監獄の誕生』、二〇四ページ

*37 ドゥルーズ、『記号と事件』河出書房新社

*38 東浩紀、「規律訓練から環境管理へ」、四八ページ

*39 アガンベン、『ホモ・サケル』、一七ページ

*40 酒井隆史「〈帝国〉における包摂と排除――『生政治』についてのノート」、一一七ページ

*41 山森亮・萱野稔人・酒井隆史・渋谷望・白石嘉治・田崎英明、「ベーシック・インカムとはなにか」、堅田香緒里・白石嘉治、「ベーシック・インカムを語ることの喜び」『VOL』第二号、関曠野、「生きるための経済――なぜ、所得保証と信用の社会化が必要か」『ベーシックインカム・実現を探る会ウェッブサイト』http://bijp.net/transcript/article/27（二〇一二年十二月アクセス）

*42 アレント、『人間の条件』七一ページ

*43 Berkowitz, R. 2012 "From the Arendt Center, 15/Feb./2012#, Hannah Arendt Center, BardCollege, http://www.hannahar-endtcenter.org/?tag=basic-income-guarantee, (2012.12. access)

*44 バウマン、『政治の発見』、二六五ページ

*45 永井陽之助、「政治的人間」。また、同様の線上での議論として、田村哲樹二〇〇八「民主主義のための福祉――『熟議民主主義とベーシック・インカム』再考」『思想地図vol.2』日本放送出版協会も重要。

第5章
出生

第1章の最後に述べた、公共的空間の再構築のための「出生」は、
前章で顕在化させた「難民化する子ども」を救うための概念のひとつでもあり、
『人間の条件』のもっとも重要なキーワードでもある。
最終章ではまず、それをアレントのユダヤ、ヘブライ的な思想の
系譜の中で検証し、続いて1951年、アメリカでの公民権取得以降の
研究プロジェクトでの様々な事例を参照しつつ考察を深めてみる。
そして、最後は、公共性を担う市民の活動が再開される可能性について、
再び教育問題に立ち戻って考え、シティズンシップ教育の重要性、
過去と未来の媒介者としての教師など、いくつかの具体的指針を提示していく。

第1章の最後に、『人間の条件』では、公的世界の複数性が維持されるための条件として出生（natality）を重視している点を述べた。本章ではこの点を中心にみていくことにしたい。

1　出生概念の思想的位置づけ

古代ギリシア思想とは明らかに異なる「出生」概念

ハンナ・アレントの『人間の条件』を古代ギリシアに存在したとされるポリス的な公共性のイメージにのみ還元してとらえようとする解釈は、あとを絶たない。[*1] だが、本書ですでにいくどか言及してきたように、そうした解釈では、『人間の条件』で彼女が記す以下のような叙述に対する検討は十分とはいえない。

人間事象の領域である世界は、そのまま放置すれば「自然に」破滅する。それを救う奇蹟というのは、最終的には、人間の出生（natality）という事実であり、活動の能力も存在論的にはこの出生にもとづいている。いいかえれば、それは、新しい人びとの誕生であり、新しい始まりであり、人びとが誕生したことによって行ないうる活動である。この能力が完全に経験されて初めて、人間事象に信仰と希望が与えられる。ついでにいえば、この信仰と希望という、人間存在に本質的な二つの特徴は、古代ギリシア人がまったく無視したものである。[*2]

ここでアレントは、「古代ギリシア人がまったく無視したもの」として、新しい人々の誕生を意味する出生（natality）に注目する。

アレントについてはこれまで、ギリシアのポリス的な公共性を肯定的に描いているという評価が支配的であった。しかしながら、上述の引用文が示しているのは、明らかに、ギリシア的世界に対する批判的視点であり、彼女が古代ギリシアのポリスモデルとは別の思想的系譜に定位して議論を展開しようとしていることを示唆するものにほかならない。

それは、アレントの思想におけるユダヤ、ヘブライ的系譜というべきものである。西洋史の教科書的理解に倣えば、古代ギリシアからローマに受け継がれ西欧世界に入っていったヘレニズム、あるいはギリシア的要素と、もともとはユダヤ人の民族解放思想の中から登場したキリスト教に象徴されるヘブライ思想、この二つが西欧近代の柱を形成していく。『人間の条件』が読まれる際には従来、主として、この内のギリシア的な要素に注目されて公共性が語られてきた。アレント自身もそこに足を置いていたのは確かだが、上記の引用は、古代ギリシア人が無視した「出生」という要素に注目している。つまり、ギリシア思想とは、距離を置いたユダヤ、ヘブライ的思想の重要性をはっきりと述べているともいえるだろう。

ユダヤ、ヘブライ的系譜の中での位置づけ

そこでまず、『人間の条件』における、キーとなる概念である「出生」概念の思想的な系譜を確認しておきたい。前章で述べたこととも関連するが、「出生」に注目するアレントの教育認識は、新参者を公的世界に招き入れる営みとして教育をとらえようとするものである。それは、上述のような公共的空間の存続の帰趨を左右する「分岐点」であるという意味で、彼女の公共性論においてもきわめて重要な位置を占めるものである。

このような出生による世界更新という把握は、彼女の思想のユダヤ、ヘブライ的性格に由来するものであることはすでに指摘した。そこで特にふまえておかなければならないのは、ヴァルター・ベンヤミンの強い影響である。ベンヤミンは、絶筆とされている「歴史の概念について（歴史哲学テーゼ）」の最終部分で、均質的で空虚な進歩主義史観をいましめ、「回想が、予言者に教示を仰ぐひとびとを捕えている未来という罠から、彼らを救いだす」と述べる。ところがその直後に、「とはいえ、ユダヤ人にとって、未来は均質で空虚な時間でもなかった。未来のあらゆる瞬間は、そこをとおってメシアが出現する可能性のある、小さな門だったのである」という。[*3] そこでは、近代教育学が前提としてきた進歩主義や発達論で想定されているような均質な時間概念とは別の形で、「メシアが出現する可能性」としての未来を概念化することの可能性がほのめかされている。

メシアが出現する可能性とは何か。メシアとは救いといってもいいかもしれない。それは、救いというものを、ある特権化された未来のようなものによって、自分たちの外にある超越的なものと

して奉ろうとか、あるいは預言者に意見を伺おうとか、そういう人々の姿勢につながりかねない問題を一面においては含んでいる。ベンヤミン、アレントはそこを問題視した。預言者と信者、生徒と教師、未来をよりよくするための預言者、それにお伺いを立てる信者、市民、そういったいわば上下の関係性を組み替えようという関心がベンヤミン、アレントの意識には強い。未来は特権的で超越的なものとして、一部のものにのみあずかりしれる希望のユートピアではなく、常に日常の実践の中に現れたり垣間見えたりするものではないだろうか、というのが彼らの主張である。

そして、このメシア的希望としての未来を正面から受け止めて思想的な格闘を行ったのが、アレントであった。アレントは、ベンヤミンの「歴史哲学テーゼ」の草稿を彼の死後ナチス下のパリから救い出し、ニューヨークのアドルノのもとへ届けるという重要な役割を果たした人物である。新しい始まりとしての出生に着目するアレントの思想に、ベンヤミンの「歴史哲学テーゼ」で示唆されたユダヤ的な啓示の思想の強い影響を読みとることは、的外れとはいえない。

関曠野は、ユダヤ思想の源流であるヘブライズムが「人間の出生（birth）をその根本にすえた、実に特異な思想」であるといい、人類の思想の中でも「唯一、ヘブライ人というかユダヤ教のみが、人間はなぜ生まれるのか、なぜ子どもを生むのかを徹底的に考えた思想だった」と述べている。[*4]

アレントもまた、このユダヤ、ヘブライズムの系譜の中で「出生（natality）」による世代更新が公共的な世界の存続と更新にとって決定的に重要な意味をもっていることを強調する。

ムア、ドラン、リオタールによるアレント解釈

アレントの「出生」に関するもっとも体系的な研究を行っているパトリシア・ボーエン・ムアは、アレントにおける哲学的、政治的カテゴリーとしての出生概念には、三つの源泉があるという。第一に「ヒトラー体制のもとでユダヤ人として被った個人的運命」、第二に、「アレントの哲学上の教師であるハイデガー、ヤスパースの影響」、第三に、「アウグスティヌスにおける愛の概念の研究」である。ムアによれば、これらの源泉を通じ形成されるアレントの出生概念は、「われわれが誕生において、始まりの可能性を付与される」という、公共空間が創設、更新される「究極の可能性」を保証するものとして、概念化されたという。*5

しかし、このムアの解釈に対して、フレデリック・ドランは、「活動やそれによって生み出される公共的自己が、『人間の究極の可能性』によって基礎づけられてしまっている」と批判する。ドランは、出生概念をアレント思想の基底的なモメントとみなすムアの解釈を批判し、「アレントの理論において重要な側面をなす、公共的な自己は言説的に構成（constitute）されるのであって、自然に存在する事物への模倣的な関係や創造物としての『人間』の属性によるものではないという主張」に、より注目すべきであるという。*6 このドランの批判は、リオタールがそのアレント論において行っている、「出生の原理と、行動の奇蹟を授ける力に、贖罪の美徳、防衛的とでも呼べるであろう美徳を与えてしまっている」というアレントの出生概念それ自体への批判とも、通底するものであるといえよう。*7

ムアとドランの対立は、近年のハンナ・アレント研究における実存主義的解釈と、構成主義的ないしはポスト構造主義的解釈との間の対立の一端を示すものとして、興味深い。両者はアレントの「出生」概念を彼女の公共性論の基底的なモメントとみるかどうかという点で対立するが、出生概念それ自体が公共性を保証する「究極の可能性」としてとらえられているという点では共通している。ムアはそれを肯定的にとらえ、ドランは批判的に捉えているのである。

しかしここで問題にしたいのは、アレントの「出生」概念が、ここでムアやドランがいうような「究極の可能性」、あるいは「創造物としての『人間』の属性」といった、人間に本質的にそなわっている何かとしてとらえることが、果たして適切であるのかどうかという点である。ことはそれほどシンプルな構図ではないであろうと思われる。

この問題を考えるためには、ムアの研究で十分指摘されていない、出生概念が形成されるもう一つの、そしておそらくは最も決定的な源泉、すなわち、第2章でも検討した戦後アメリカでのアレントの研究プロジェクトの再構築について、再度、検討してみる必要が出てくる。

2 アメリカでの研究プロジェクトの再構築〜マルクスを超えて

近代における「始まりの喪失」

『全体主義の起原』の初版本が刊行された一九五一年に、アレントはアメリカ合衆国の公民権を取得する。そしてそれ以後、新しい研究プロジェクトに着手する。それは、もともとはカール・マルクス研究として構想されたものであった。その成果は草稿「カール・マルクスと西欧政治思想の伝統」（"Karl Marx and the Tradition of Western Political Thought"）として残されている。*8

そして、「出生」という概念、あるいは、しばしば言及される「始まりが存在せんがために人間は創られた」というアウグスティヌスの引用がアレントの思想の表舞台に登場するようになるのは、実は、この一九五一年以降の研究プロジェクトの再構築の過程においてであったのである。

第2章でも詳しくみたように、この時期のアレントの研究は、全体主義の起原の解明という軸を保ちつつも、その力点を、「地下の潮流」の分析から、「西欧政治哲学の伝統」の批判へと、シフトさせようとするものであった。その過程で、アレントの関心は、伝統の命脈が絶たれた近代における「始まりの喪失」という概念の分析へと、焦点化されていく。

たとえば、上述の未公刊草稿「カール・マルクスと西欧政治思想の伝統」の「要旨」（SUMMARY）において、アレントは、以下の二つの仮説を提示する。*9

第一は、「伝統の命脈は絶たれた、すなわち、始まりはもはやわれわれとともには存在しない、あるいは、われわれの伝統的な概念は、われわれの実際の諸経験に適合しない」という仮説である。第二は、「伝統の命脈が絶たれたとき、解体したのは、主要には、われわれの公的な政治領域である。人間が第一義的に政治的な存在であり、あるいはまた、人間の条件が複数性という条件にほかならないかぎり、このことは他のすべてのことがらに影響を及ぼす」という仮説である。

以上の二つの仮説から、アレントは論争すべき対象を次のように設定する。

まず第一の仮説からは、「伝統の命脈をあたかも単に次から次へ繰り延べることができるというリベラリズムの信念と、実際のリアリティを復興しなくとも『価値』を復興させることができるという保守主義の信念」の両方が、批判の対象として設定される。

第二の仮説からは、「われわれ一人一人を精神分析や行動療法によって癒される個別の単独的な存在であるかのように扱う心理学主義と精神主義に、反対する」という立場が表明される。

アレントにおける出生概念の形成も、このような彼女の論争的な立場との関連を抜きにして、論じることは不可能である。すなわちそれは、伝統の命脈の繰り延べを企てるリベラリズムとリアリティなき価値の復興を企てる保守主義の双方への対抗として考えられたものであった。また、人間を非政治的な個別の単独的な存在として扱う心理学主義に対する反対のなかから形成されたものでもあった。

このようなアレントの複雑な問題意識から考えれば、「出生」への着目は、ムアやドランがいうような人間に本質的にそなわっている何かへの究極的な依拠としてとらえるというような簡単な経路をとることは、妥当とはいえない。

このように、「出生」という概念として結晶化していくのは、戦後、特に『全体主義の起原』刊行後の一九五一年から『人間の条件』が刊行される一九五八年にかけての、研究プロジェクトの再構築を通じてであった。アメリカにおける教育問題への関心は、そうした思想的文脈のなかで醸成された。

3 アメリカ革命の精神を解く鍵としての出生

「リバティ―Liberty」と「フリーダム―Freedom」

アレントは、『人間の条件』のすぐあと、一九六三年に『革命について』という本を書いた。そこでは、市民革命を二つの類型に分けて論じている。アレントによれば、フランス革命は社会的なるものの勃興にある意味で相応した革命、それは社会問題の解決に革命の関心を特化して、「リバティ―Liberty」としての自由と人間の生存に革命の課題を集中した。それに対して、アメリカ革命はそうした社会問題の解決だけに課題を特化せず、「フリーダム―Freedom」を創設することを課題とした。

つまり、アレントは人間の自由を、「リバティ―Liberty」と「フリーダム―Freedom」に分けていた。

基本的な誤解は、解放（リベレイション）と自由（フリーダム）のちがいを区別していないという点にある。反乱や解放が新しく獲得された自由の構成を伴わないばあい、そのような反乱や解放ほど無益なものはないのである。なぜなら、「憲法がなければ、道徳も富も軍隊の規律も、このようなものはいっさい無益だろう」から。*10

つまり、ここでアレントが言いたいのは、リバティとしての自由は、法律や憲法によって保護されるものではあるのだが、しかしリバティそれ自体のうちには、人民の新しい革命的権力を構成するという要素は含まれていない。リバティとしての自由を持っている市民は、受身の人たちで、政治に参加して自ら権力を作っていく主体としては考えられていない。

翻って、アメリカ革命は、リバティとしての自由だけでなくフリーダムを作り出すことを目的としていた革命だったからこそ大きな意義があった。アレントは、アメリカ革命に関して、ヨーロッパの憲法学者が、その新しさを理解できなかったと述べ、以下のようにそのポイントを述べている。

この点についていえば、アメリカ革命の記録は、まったく明白で曖昧さのない言葉で語っている。つまり創設者たちの心を占めていたのは「制限された」立憲主義ではなかったのである。このことでは、彼らは議論や解明の必要すらなく意見が一致していた。イングランドの国王と議会にたいする反感が国中で最高潮に達したときでさえ、彼らは、自分たちがやはり絶対君主ではなく「制限君主政」を相手にしているという事実をともかく知っていた。彼らがこの政府からの独立を宣言したとき、そして国王への忠誠を破棄したあとでは、彼らにとって主要な問題は、権力をどのように制限するかではなく、どのようにして権力を樹立するかであり、政府をどのように制限するかではなく、どのように新しい政府を創設するかということであったのである。[*11]

憲法というのは、権力を制限する要素だけでなく、権力を作り出すという要素がある。Constitution（憲法）というのはconstitute（構成）するもので、できあがったConstitution（憲法）だけをみれば権力を制限するための武器になるが、それをconstitute（構成）するのは人民であり、人民の権力を創設する行為を、constitute（構成）する権利を含んでこそ憲法そのものであり、そこに、この言葉の由縁がある、アメリカ人はそう考え、そこにアメリカ革命の意義を見い出していた。

アレントは、このアメリカ革命の精神が忘却されている点に批判の目を向ける。それは自由の問題をフリーダムではなくリバティに特化してしまうことなのではないかということである。

そして、そのような動きは公民権運動のある部分に実際に存在したのだ。次に、その象徴として一九五七年のリトルロック事件を考えてみる。

リトルロック事件から考える公民権運動と統合教育批判

一九五七年にアーカンソー州のリトルロック市で起こった、公立学校での人種統合に反対する暴力事件（リトルロック事件）へのコメント論文「リトルロックについて考える」で、アレントは、人種統合教育への批判を展開した。[*12]

一九五四年当時、アメリカ合衆国ではアーカンソー州を含む南部を中心とした二一州とワシントン特別区において、白人と黒人の分離教育が定められていた。この人種にもとづく分離教育は、「分離すれども平等に（separate but equal）」という判例法理によって合憲とされていた。

ところが一九五四年の連邦最高裁の「ブラウン対教育委員会事件」の判決は、それまでのこの判例法理を変更し、人種分離教育を定めた州法が違憲であると宣言したのだ。さらにその翌年、連邦最高裁は、前年の分離教育の違憲判断にもとづく具体的な救済方法として、人種別学の撤廃を求める判決も下した。このブラウン判決は、それまでの「分離すれども平等に」という原則を否定し、「分離された教育施設は本質的に不平等である」と結論づけた点で、画期的なものであった。また、この判決を含むこれらの一連の判断は、法令違憲審査権を行使して最高裁が行政的な役割を引き受けようという、当時のウォーレンコートの司法積極主義の立場を示すものであった。

あらためて後述するように、このブラウン判決がもたらされた背景には、NAACP（全国黒人向上協会）などによる公民権運動が、学校教育における人種分離の撤廃へ向けての法廷闘争に、重点的に取り組んでいたという事実があった。

このブラウン判決を受けて、アーカンソー州リトルロック市の教育委員会では、分離教育の撤廃を立案し、一九五七年には、二〇〇〇人の白人生徒のいる中央高校に、九名の黒人生徒が入学することとなった。これに対して、選挙を目前にしたアーカンソー州のフォーバス知事は、白人の母親をはじめとする市民世論を背景に、一九五七年九月、州兵を動員して中央高校への黒人生徒の登校の実力阻止を断行した。これがリトルロック事件と呼ばれる。この事件は、結局アイゼンハワー大統領によって連邦軍が派遣され、それに護衛される形で九名の黒人生徒の登校が実現した。

特にそこでアレントが批判の対象としたのは、公教育で人種統合を推進しようという一九五四年以降のアメリカ合衆国における公民権運動、司法、行政の姿勢であった。アレントは、教育において人種統合を推し進めようという連邦最高裁の決定の孕む大きな問題を指摘する。

しかしこの全体の問題のうちでもっとも驚かされるのは、すべての場所で公立学校での分離の撤廃を実行するという連邦政府の決定である。この決定によって、白人と黒人を問わず、すべての子どもたちは、大人たちが数世代のもの間、自分たちでは解決できないことを告白している問題にとり組むという大きな負担を負わされることになるのを理解するには、それほど想像力を働かせる必要はないだろう。*13

南部では、分離が、法的なものではなく、社会的なものであり、たとえそれを法的に撤廃したとしても、問題が解決するわけではないのである。むしろ、「強制された分離撤廃は、強制された分離と同じように望ましくないという意見を読んだことがある」というフォークナーの言葉を引用して、その問題の根深さを指摘している。

この「リトルロックについて考える」という小論は、統合された高校から帰宅する黒人の少女を写した写真への言及から始まる。その写真では、黒人少女は白人の若者のたちからいじめられ、それを父親の友人である白人の大人が保護しているというものだが、アレントはこのように痛烈な批判をする。

この写真は、〔進歩的な教育〕というもののファナティックな戯画のように思える。この教育は大人の権威を喪失させることで、自分たちの子供が生まれてきたこの世界に対する責任をひきうけることを暗黙のうちに拒み、世界において子供たちを導く義務を拒否するのである。いまや大人ではなく、子供たちに世界を変革し、改善することを求める時代になったのだろうか。そしてわたしたちの政治的な闘いを、校庭で闘わせようというのだろうか。[*14]

ここには、統合教育推進の論調の背後にある、〔第4章でも見たような〕子どもの世界を絶対化する「リベラル」な「進歩主義的」教育観に対する、アレント自身の批判的視点がはっきりと示されている。そして続く文は、社会的平等に関心を特化しようとするリバティとしての自由の限界を鋭く指摘している。

白人と黒人の分離は法律で施行されている差別である。分離を解消するためには、差別を施行している法律を廃止する以外に方法はない。差別を施行する法律が廃止されても、差別そのものをなくすことはできないし、社会に平等を強制することはできない。しかしそれで政治体のうちで平等を強要することはできるし、実際に強要しなければならないのだ。平等とは政治体で初めて生まれるものだからという理由だけではない。平等が有効なのは、政治的な領域だけに限定されるのは明らかだからだ。政治の世界でのみ、わたしたちは誰もが平等なのである。*15

ここに示されているのは、本来政治問題であるはずの公民権問題を社会問題としてとらえようとするリベラルな立場への批判である。権威の喪失を批判するという、一見保守主義的ともいえるアレントの議論の意味については、後にあらためて検討することとして、ここではさしあたり以下のことを確認しておきたい。

すなわち、ここでのアレントの「リベラル」に対するとらえ方は、リトルロック事件とほぼ同時期に準備されその数年後に出版された、前掲の『革命について』における、リバティとしての自由への否定的な評価と対応している。

解放（リベレイション）と自由（フリーダム）が同じでないことはわかりきったことであろう。解放は自由の条件ではあるが、決して自由を自動的にもたらしてくれるものではないからである。そして解放の中に含まれる自由（リバティ）という観念はどうしてもネガティブの域を出ない。したがって解放への意図ですら自由（フリーダム）への欲求と同じものではない。[16]

彼女によればリバティは、「本質的にネガティヴなもの」であり、「解放（リベレイション）の結果ではあるが、決して自由（フリーダム）の実際の内容ではない」。それに対してフリーダムは、「公的関係への参加、あるいは公的領域への加入」という積極的な内容を含むものである。このようにアレントは、アメリカ革命を、「自由（フリーダム）の創設」を企図するものとして高く評価する一方で、フランス革命におけるルソーやロベスピエールらの思想を、関心を社会問題に特化することによって公的領域における自由の創設を妨げる「解放者たち（the liberators）」の思想として厳しく批判する。[17]

いわば、アレントがリトルロックにおいてみたものは、このような自由（フリーダム）を基盤としたアメリカ革命の精神が忘却され、解放（リバティ）を基盤にしたフランス革命の思想が蔓延しつつあるという、彼女にとっては否定的としかいいようのない事態にほかならなかった。

『なぜジョニーは読むことができないのか』から考える「学力低下問題」批判

アメリカ革命の精神の忘却があらわになっているのはリトルロックにおいてだけではない。むしろ、教育改革を声高に叫ぶ一九五〇年代当時のアメリカの時代状況の総体が、アレントにとって批判の対象であった。それは、「リトルロックについての省察」と同時期に発表され、第4章で詳細に検証した「教育の危機」という論文の中に、その思想がより一般化された形で述べられている。その矛先が向けられたひとつに、一九五五年に出版されたルドルフ・フレッシュの『なぜジョニーは読むことができないのか』がある。この一九五五年というのは、アメリカでは、スプートニク・ショックの時代で、新しいものに対する関心、子どもに対する関心、ある意味での進歩主義的機運の高まりの時代であり、このような機運の中で学力低下問題を位置づけ直そうというものとしてこの『なぜジョニーは読むことができないのか』が出された。このころのアメリカでは、初等中等教育における学力の低下が問題となり、子どもたちに学力をつけさせるために教師がもっと教え方に熟達すべきであるという議論が、盛んになされた。そういう時代背景のなかで、この『なぜジョニーは読むことができないのか』では、たとえば文字の教え方について伝統的な方法を批判し新しい教授法が提案された。

アレントは、このような学力低下をあおり教授法の革新を唱える風潮を厳しく批判する。

『なぜジョニーは読むことができないのか』という問題、あるいはより一般的には、平均的なアメリカの学校の教育水準はヨーロッパ諸国すべての実際の平均水準よりもなぜこれほど劣っているのかという問題に対する答えは、残念ながら、たんにこの国が若くてまだ旧世界の水準に追いついていないというようなものではない。逆に、この国が教育という特定の分野では世界でもっとも「進んでおり」、もっとも近代的であるためである。……（引用者略）……

したがってアメリカの教育の危機は、一方では進歩主義教育の破産を告げており、他方、この危機が大衆社会の条件のもとでまた大衆社会の要請にこたえることから生じたがゆえの恐ろしく困難な問題の存在を告げている。*18

学力低下問題は、教育の不足によってではなく、むしろ教育の過剰によってこそ引き起こされるという逆説が、ここでは強く意識されている。その前提にあるのは、「近代心理学の影響とプラグマティズムの教義のもとで、教育学は教授法一般の科学になってしまい」、その結果、「教師が身につけるべき技能は教え方であって、特定の専門科目に習熟していることではない*19」と考えられるようになってしまう問題である。

教師である前に市民であること

新しいものへの注目が、教授法への革新につながってくる。伝統的教授法を変えなくてはならない。世の中がおかしくなってくるのは、指導法、教授法に欠陥があるからではないかと、問題が指導法に転化されてくる。五〇年代アメリカはまさにこのような状況であり、そこでの神話は、戦後日本の教員養成、教育改革の風潮、そして今日の「学力低下」問題にも、色濃く影を落としているのではないだろうか。

経済史家の野地洋行はアレントに依拠しつつ、この問題への警告として、「教育は教育のプロでなければ駄目だ、という方向に世論が振れ、政治がそれを演出しているときは、教育は教育の技術に解消できないことを毅然として主張しなければならない」と述べる。それは以下のような時代認識によるものだった。

福沢のいう「遺伝毒」である「権力の偏重」は、日本においては維新後も、人民を自由にも平等にもすることなく、まして主権者にすることもなかった。かれは臣下として職業人であり、職業人のままで臣下なのである。ちょうど儒者が儒者として家臣であったように、医師も医師のままで藩医であったのと同じである。かつては火消しも火消しとして藩の人足であり、相撲取りは藩のお抱えとして相撲取りであった。教師は「国家」の教師であり、主権者である天皇によって教育の理念を、「教育勅語」として与えられたのであった。

しかし、みずからこの政治的共同体を構築する過程を欠いたとはいえ、いまわれわれはこの共同体の主権者であると同時に構成者であり、構成者としてはその市民である。そのような政治的共同社会では、教師は教師として職業人であると同時に、この共同社会に公的責任を負っている。かれはこの共同社会の形成原理と存在理由とその価値、その理念を知っているのでなければならない。なぜなら教育という職業は、これらを次の世代に伝達する責任をも含んでいるからである。私が教師は教師であると同時に――あるいはそれ以前に――市民であり、市民が教師となるのでなければならないというのはこの意味においてである[20]

つまり教師は教師である前に市民でなくてはならない。教師は教育を行う方法に長けた技術的な専門者であることには特化できない。どう教えるかより、むしろ何を教えるか、を考えなくてはならない。新しいものへの関心が方法論に傾斜するのは、新しいものがわからないものであればあるほど大人は戸惑うので、いかに新しいものを上手く自分たちの世界へ招き入れるためのテクニックを身につけるかということに意識が向かうからだが、問題はそこにはないはずだ。アレントは古い世代の持っている文化と新しい世代が持ちこんでできたものが出会う場、それが大切だと言っている。

教育はこの新しさを守り、それを一つの新しいものとして旧い世界に導き入れねばならない。旧い世界は、その活動がいかに革命的であろうと、来たるべき世代の立場からすればつねに老朽化し、破滅に瀕しているのであるから。*21

そして、教育における権威というものの扱いの難しさを以下のように述べる。

近代世界における教育の問題は、教育はその本性上権威や伝統なしにはありえないにもかかわらず、権威を骨組みとするのでもなければ、伝統を蝶番《ちょうつがい》とするのでもない世界のうちで教育が進められねばならない事実にある。[*22]

そして、アレントは、「権威の概念と過去への態度を、（中略）教育の領域にのみ適用するために、教育の領域を他の領域、とりわけ公的・政治的生活の領域から明確に分離しなければならない」と述べている。そして、教育の機能を二点挙げる。

第一に、学校の機能は子どもに世界がどのようなものであるかを教えることであって、生きる技法を指導することではないということである。世界は先在するものであって、子どもにとってつねに所与として存在する以上、いかに生が現在に関わるものであっても、学習は当然、過去に向かわざるをえないからである。第二に、子どもと大人の間の線引きは、誰も大人を教育できないし、子どもを大人のように扱うこともできないことを意味しよう。[*23]

とはいえ、アレントは、「新しいもの」としての「子どもへのパトス」それ自体を必ずしも否定しているわけではない。むしろ、出生によって世界に参入してくる子どもの教育が、公共的世界の複数性が維持される鍵であると見て、この論文の最後で力強く宣言している。再度引用しよう。

教育はまた、われわれが自らの子どもを愛し、かれらをわれわれの世界から追放してかれらの好き放題にさせたりせずに、あるいは何か新しいもの、われわれが予見しえないものを企てるチャンスをかれらの手から奪うこともなく、むしろ、共通世界を新しくする使命への準備を前もってかれらにさせるかどうかを決める分岐点でもある。*24

しかしながら、他方でアレントが問題視しているのは以下の二点である。まずひとつは、この「子どもへのパトス」が肥大化、絶対化して「政治の問題として」社会改革的な発想と結びついていく点である。*25 このような子どもへのパトスの肥大化によって、教育における権威が喪失し、公的共通世界が解体していくことを、アレントが何よりも危惧したことは、以前拙著で検討したとおりである。*26

もう一点は、教師自身の問題である。問題なのは子どもの学力低下ではなく、むしろ、問題を子どもに転化し自らの「学力低下」を棚上げにしようとする教師たち、そして、先行世代であるわれわれ自身の問題なのだとアレントは指摘している。

教師の資格は、世界を知り、それを他人に教えることができる点にあるのに対し、教師の権威はかれがその世界への責任を負う点に基づく。子どもと相対する場合、教師は大人の住民全体の代表者であるかのごとく、子どもに事細かに指示し、語るのである。これがわれわれの世界だ、と。

権威を見捨てたのは、大人であった。これが意味するのはほかでもない、大人は子どもを世界のうちに導き入れながら、その世界への責任を負うのを拒絶している、ということである。[*27]

以上が、アレントにおける教師の捉え方と、その危機認識にほかならない。では、最後に、これらをふまえながら、新しい教師像の条件を検討してみたい。

4 過去と未来の間で——媒介者としての教師の可能性

本章の結論として本節では、出生概念をふまえて過去と未来を橋渡しする、世界に責任を追う存在としての教師のあり方を検討してみたい。新しい存在としての未来を代表する子どもと、現存在する世界との架橋が、教育、学校の場で作られるとき、そこに立ち会う媒介者としての教師とはどのような姿なのだろうか。

「遅れてくること」

教育哲学研究者のナターシャ・レヴィンソンは、アレントにおける「出生」概念のパラドクスとして、出生に含まれている「遅れてくること（belatedness）」という性格がはらむ困難を指摘する。出生によってこの世に新参者として到来することは、すでに存在するものに遅れて参入することでもある。レヴィンソンによれば、この遅れてくるという事実は、「出生の条件であるだけでなく、その阻害要因ともなりうる」。なぜなら、われわれの存在がすでに先行してあるものによって条件づけられているという意識によって、「何か新しいことを始めよう」とする潜在能力が麻痺するからである。ここでは、出生概念が、公共性を保証する究極的な可能性としてではなく、むしろ、公共的な自己が構成される機制に孕まれるパラドクスを示すものとしてとらえられている。ここに、出生概念に対する本章第1節で挙げたムアやドランとは異なるもう一つの着目のしかたを見い出すことができる。

レヴィンソンは、この出生のパラドクスからもたらされる困難を克服するための戦略を、過去と未来の裂け目に位置する教師の課題として、次のように提起する。

> 過去と未来の裂け目のなかで教えるということは、一方で、過去についての教えに関与するということであり、それは過去についての理解と指導、およびそうしたことの基礎となる記憶の保全をめざす。他方で、この裂け目のなかで教えるということはまた、学生が世界の修復にのりだすよう動機づけることでもある。その際同時に、学生の未来を決定し統制しようという誘惑に抵抗しなければならない。[*28]

ここで提起されている戦略は、いわば、過去と未来の裂け目のただなかで、そのいずれをも特権化することなく、その両方に対して応答的な立場を確保しようという戦略であるということができる。そうした戦略の要に位置づくものこそ、教える存在としての教師にほかならない。そこで教師は、進歩主義のように子ども中心の立場に立つのでも、保守主義のように過去の伝統を特権化するのでもない、その間に立つ姿勢が求められている。アレントが「教育において、世界への責任は権威の形式をとる」というとき、そこで想定される教育者の権威は、このような出生のパラドクスを引き受ける教師の姿勢を指すものであるとみることができるのではないだろうか。

リベラリズムあるいは進歩主義的な教育観と、保守主義的な教育観とが、出口のない対立を続けている現在、そのいずれでもない立場を確保すべきであるというアレントの問題提起は、今日なお、われわれ自身の課題であり続けている。そんなことを強く実感させされた事件としても、二〇一一年の東日本大震災は忘れられないものになった。

シティズンシップ教育を担うことができる教師

二〇一一年三月一一日の東日本大震災による福島第一原子力発電所の事故以降、多くの専門家の、原発事故の原因や状況、また、放射線被曝の影響についての発言は必ずしも市民から信頼されておらず、その結果、消費者、生産者の双方が不安と負担に悩まされた。そしてここで生じた科学や専門家への不信を解消するためには、専門家の間でも論争があることを隠さず示し市民の側の政治的判断力（政治的リテラシー）を高め、判断を専門家任せにしないような教育を行わなければならない。英米では近年、シティズンシップ（市民性）教育の立場から、市民科学（Civic Science）や政治的リテラシーを基軸に据えたシティズンシップ教育の提案がなされている。この視点から、新しい教師像を考えてみたい。

シティズンシップ教育とは、専門家ではない市民のための教育という意味である。シティズンシップ教育では、科学は専門家に独占される知としてではなく、専門家ではない素人、すなわちアマチュアである市民の知である市民科学（Civis Science）として捉えられる。アメリカのシティズンシップ教育提唱者、ハリー・ボイトらは、以下のような指摘をしている。

> 市民科学が示唆するのは、民主主義社会における科学、専門的知識、市民の間の関係の組みかえである。すなわち、市民科学では、市民や公衆が、科学と政治の接点（インターフェース）を左右する鍵を握る。科学と政治の接点はもはや、科学的専門家と政策立案者のみによって排他的に占められる領域ではなくなる。[*29]

市民科学はこの領域を、科学的専門家と政策立案者のみに独占される領域としてではなく、市民が鍵を握る領域としてとらえる。その際、市民がそのような存在になるために政治的判断力（政治的リテラシー）を養成するシティズンシップ教育の課題として二つの点を指摘しておきたい。

第一に、科学者や専門家の発言はあくまでもその専門領域に関するものであって、社会的・政治的判断を行うのは民主主義社会の構成員である市民自身であることを明確にするという点である。第二に、専門家の見解に対立や論争がある場合、そこで論点、争点になっていることは何なのかを、しっかりと教え、考えさせることである。

イギリスでシティズンシップ教育を主導した政治学者のバーナード・クリックはシティズンシップの中心的な要素に政治的リテラシーがあることを強調し、政治的リテラシーとは争点を知ることであると述べている。つまり、シティズンシップ教育においては、「論争的問題」を教育することで「争点」を理解し、政治的リテラシーを高めることが重視されている。[*30]

以上のようなボイトやクリックが提起するシティズンシップ教育のあり方は、本章で検討してきた出生概念に依拠して過去と未来を架橋するアレントの教育論と通底するものである。すなわち、アレントの過去と未来の間を橋渡しする教師という視点が示唆するのは、まさにこのような論争的な問題について、過去（既知のこと）と、未来（未知のこと、無知なもの）とを橋渡し、コーディネートすることによって、新しい何かを始める、そういう教師のありようである。そこでの教師は、無知な市民として、過去と未来を媒介する。前章までの議論をふまえれば、難民性と市民性を同時に引き受けるといってもいいかもしれない。それは、アレントが『全体主義の起原』と『人間の条件』の間で常に念頭に置いていた課題でもあった。

＊1　Benhabib,S., "Models of Public Space: Hannah Arendt, the Liberal Tradition, and Juergen Habermas "in Calhoun, C. (ed), *Habermas and the Public Sphere*, The MIT Press, 1992

＊2　アレント、『人間の条件』三八五―三八六ページ

＊3　ベンヤミン、『ベンヤミンの仕事2』三四六ページ、今井康雄、『ヴァルター・ベンヤミンの教育思想』も参照

＊4　関曠野、『教育、死と抗う生命』、一六九―一七〇ページ。関曠野は、その初期の主著である『プラトンと資本主義』（一九八二年）では、ソクラテスを断罪した都市国家（ポリス）の側から、ポリスの存続に込められた古代ギリシア人の直接民主主義的秩序観を救い出そうとした。しかし、一四年後に刊行された同書の改訂新版へのあとがきで、そこでの「古代ギリシアの文化と社会の手放しの肯定」が自己批判され、ギリシア、ヘレニズム的なものを相対化するユダヤ、ヘブライ的なものへの注目が行われている。これらは、関曠野、『プラトンと資本主義（改訂新版）』、四三四―四三五ページ参照。「出生」を重んじるユダヤ的な系譜への関の評価は、このような彼自身の思想的なスタンスの転換の中でなされたものである。

＊5　Patricia Bowen-Moore, "Natality, Amor Mundi and Nuclearism in the thought of Hannah Arendt" ,pp.136-138, Patricia Bowen-Moore, *Hannah Arendt's Philosophy of Natality*, pp.2-21

＊6　Dolan, F. M., "Political Action and the Unconscious - Arendt and Lacan on Decentering the Subject" *Political Theory*, Vol.23, No.2, 1995, pp.331-332。なお、アレントの出生概念の意義については、森一郎『死と誕生』、森川輝一『〈始まり〉のアーレント』も重要な研究である。

＊7　リオタール、『インファンス読解』、九七ページ、森田伸子「『子ども』から『インファンスinfans』へ」も参照。

＊8　詳しくは、本書の第2章第2節「学校の起原：哲学的思考と余暇の位置づけ」を参照

＊9　Hannah Arendt, "SUMMARY" in *The Papers of Hannah Arendt*, Container No.76.

＊10　アレント、『革命について』二二四ページ

＊11　『革命について』、二三一ページ

＊12　アレント、「リトルロックについて考える」

＊13　「リトルロックについて考える」、二六四ページ

＊14　「リトルロックについて考える」、二六五ページ

＊15　「リトルロックについて考える」、二六五ページ

＊16　『革命について』、三九ページ

＊17　『革命について』、四三、一三六ページ

＊18　アレント、『過去と未来の間』、二四〇―二四一ページ

＊19　「教育の危機」、『過去と未来の間』、二四五ページ

＊20　野地洋行、「十五年目の遺言状―センター創設の神話」、七ページ

＊21 「教育の危機」、二六〇ページ

＊22 「教育の危機」、二六二ページ

＊23 「教育の危機」、二六三ページ

＊24 「教育の危機」、二六四ページ

＊25 「教育の危機」、二三七ページ

＊26 詳しくは、小玉重夫『教育改革と公共性――ボウルズ＝ギンタスからハンナ・アレントへ』参照。なお、この本を含め、本書の土台となっている私のアレントに関する論稿は、参考文献に一括して掲載した。

＊27 「教育の危機」、二五五－二五六ページ

＊28 Natasha Levinson "Teaching in the Midst of Belatedness: The Paradox of Natality in Hannah Arendt's Educational Thought", p.437, p.450

＊29 John Spencer, Harry Boyte, and Scott Peters, "Civic Science", 小玉重夫「市民科学と放射線教育」

＊30 クリックとイギリスのシティズンシップ教育については、クリック『シティズンシップ教育論』、小玉重夫「バーナード・クリックとイギリスのシティズンシップ教育」を参照。また、クリックがアレントから強い影響を受けている点については、Crick B., "Hannah Arendt and the Burden of Our Times"に詳しい。政治学者の佐々木毅は、「政治を複数の主体の自由を前提に展開される高度な公的活動としてとらえる」という点に、アレントとクリックの共通の特徴を見いだしている。佐々木毅『政治学講義』、四三ページ。

終章

難民と市民の間で

本書で試みたこと

本書は、アレントの主要著作である一九五八年の『人間の条件』を、一九五一年の『全体主義の起原』との関係を視野に入れながら検討した。

まず、第1章では、『全体主義の起原』で言及された「難民」という概念を、教育現場、スクールカーストやいじめなどの問題に重ね合わせ検証することで、アレントが論じた「忘却の穴」、「見捨てられること」の持つ驚くべき現代性を浮き彫りにした。特に、雨宮（一九七五年生まれ）、綿矢（一九八四年生まれ）、朝井（一九八九年生まれ）など、参照事例として挙げた作家が比較的若い世代であることは、問題の今日性を示すものであるように思う。

そして、その「忘却の穴」を回避するためにアレントが『人間の条件』において想定している人間の二つの活動様式である、思考活動と政治活動について、続く二つの章で検討した。

まず第2章では、アレントのマルクス批判を詳細に検討することで、哲学と政治の関係、つまり、人間の思考活動と政治活動の関係をとらえ直そうとした。そして、そこで打ち立てた独自の知見、「退きこもり」や「余暇」の持つ可能性は、まさに現代においてこそ有効だということが示された。

続く、第3章では『人間の条件』でメインテーマとなっている人間の政治活動について考察した。ここで重要になるのが、アレントのギリシア的世界とユダヤ・キリスト教的世界に対する複眼的視点だ。アレントが公共性について思考を深めていく際の考え方は、単純に古代ギリシア的世界を復活させようという主張だけではなく、むしろそこにヒントを見い出しつつ、ユダヤ・キリスト教的世界にもリソースを見い出そうとしていく複眼的なものだ。その複眼的視点をベースに、「友愛」論、「空気と世間」論など近年、話題になっている問題に切り込んでみた。

『人間の条件』では、公共性を担う市民の活動が近代において衰退していった過程を「社会的なるもの」の勃興と重ね合わせ論じている。第4章は、この点について検証した。ここでは、フーコー、アガンベンのバイオパワー（生権力）論も重要な参照概念になった。アレントは、「社会的なるもの」の勃興の過程で生じた大人と子どもの関係性の変化に注目していたが、これを現代の教育問題に重ね合わせることで、次章で触れる「出生」という重要な概念が浮き出てくる。

「出生」というのは、『人間の条件』のもっとも重要なキーワードであるが、第5章ではそれをアレントのユダヤ、ヘブライ的な思想の系譜の中に位置づけてみた。そして、最後は、公共性を担う市民の活動が再開される可能性について、再び教育問題に立ち戻って考えた。そこでは、シティズンシップ教育の重要性、過去と未来の媒介者としての教師など、いくつかの具体的指針を提示した。

「難民と市民の間で」にこめられた意味

アレントが、一九五一年の『全体主義の起原』から一九五八年の『人間の条件』に至るまでの七年間に一貫して追究していたことは、二〇世紀の全体主義の問題点と、それを克服するための社会のあり方の探究ということであった。そして、『人間の条件』は、その試みの集大成のひとつといえる。この『人間の条件』を現代に生きる私たちが読む（もしくは本書シリーズ・タイトルを借りれば、読み直す）ときに重要になってくるのは、アレントが六〇年前に論じていた「難民であること」、または「見捨てられていること＝（忘却の穴）」が、狭義の「難民問題」だけではなく（冷戦終結以降、ますます新しい時代の難民問題が中東、アフリカ地域などを中心に大きな問題として噴出していることは確かだが）、きわめて現代的であり、同時に日本で生きる私たちにとってもリアルな問題であるという事態なのだ。

たとえば、正規雇用、正規就職の難しさ（就活難民！）——そして、それはその後に続く雇用状態の不安定さなどに象徴されるだろう。たとえ今現在、正社員として雇用されているからといって、それが生涯何の不安もなく続く保障はない。現在の雇用常識から見れば老後は誰でもみんな無職になり、超高齢化社会の中で、ある意味、誰もがみな、人生の半分以上は職の無い状態で、そして「見捨てられている」状態で生きるということもあながち誇張しすぎではないだろう。

もうひとつは、学校に通うこどもたちの難民化だ。上述したような将来に対する様々なストレスや、後述する情報環境の変化によってもたらされる人間関係の息苦しさなどからいじめ、スクールカーストなど、複雑な問題が生じてきた社会状況は、本文でも詳述した。

つまり私たちのほとんどが、多かれ少なかれ、社会から見捨てられていたり、孤立（loneliness）、難民化したりしている状況を引き受けながら生きていく、そういう社会に、私たちは生きている。アレントの『人間の条件』をはじめとした一連の著作は、そういうすべての人間が難民的なものを抱え込みながら生きている現在の状況を見通して書かれていたとすら、みることができるかもしれない。少なくともその先駆性は、強調してよい。

さらにアレントの思想が示唆的であるもうひとつのポイントは、その「難民」という状態を必ずしも否定的なこととしてだけみていないことだ。むしろ、難民として、社会から退きこもることによって、そこで初めて自由時間を得て、もう一人の自分と対話しながら思考活動を深めていく、そのような可能性も同時に、提起されている。アレントはそういう人間のあり方を、孤立（loneliness）と区別して、「孤独（solitude）の中に退きこもること」として評価する。[*1] ともすれば否定的に聞こえてくる「退きこもり」や「オタク」という言葉に、あらたな輝きが付与される。そこから、加えて、アレントによれば、むしろその「退きこもった」思考活動が、公共的世界に参加する市民としての活動の前提条件にもなるという。

「公共的な世界に参加する市民」という像は、日本では二〇一一年の東日本大震災を体験して以降、ますますその重要性を増している。一部の専門家が意思決定を独占してきた問題がアマチュアである市民に差し出されている局面は、今後さらに増えていくことが予想される。まさに私たち自身が政治（公共的世界）へ参加することが必要とされているのだ。

そして、もうひとつ、重要なのが、アレントの「社会」に関しての重層的な認識だ。アレントは難民であることと、市民であることの間にもうひとつ「社会」というものを設定した。それは、職業に就くことであったり、地域の共同体に参加することであったり、人間が生きていくうえでの必要な世界だ。アレントは、本書第4章「社会的なもの」で検討したように、社会的なるものの勃興に批判的な姿勢を示している。しかし、それは必ずしも社会的なるものの全面的な否定ではない。むしろ、社会的なるものの肥大化を批判しているのだ。たとえば、現代の日本社会でいえば「世間や空気を読む」ということへの過剰な関心、携帯電話などの情報環境の下で常につながっていないと不安になるある種の抑圧状況、職場や学校の中での「つながり」への同調圧力などが考えられる。アレントが生きていれば、そうした今日の事態を批判していただろう。アレントの議論から私たちは、「社会から退きこもる自由」を積極的にとらえ、それによって同時に、「市民として公共的場面で発言していくことの自由」をも取りもどしていく、そういう道筋を描いてみることができるはずだ。

要は、「難民」と「市民」と「社会」の三つの世界のバランスをとりながら、いかにしてこれらの抑制と均衡の関係を維持していくか。そのことの手がかりをアレントは提示している。みなが「難民性」と「市民性」の双方を抱える時代になる、そういう時代の中で、「社会とのつながり」への強迫観念から少しでも自由になり、「難民性」と「市民性」の間で双方のバランスをとりながら生きていく条件を考える、そのための示唆をアレントの『人間の条件』は指し示している。

＊1　アレント、『精神の生活・上』、五六ページ

あとがき

二〇一二年の一〇月に、東京国際映画祭に出品された映画「ハンナ・アーレント」（マルガレーテ・フォン・トロッタ監督）を観る機会があった。主演のバーバラ・スコヴァが演じたハンナ・アレント（Hannah Arendt　一九〇六―一九七五）は、戦前にユダヤ人としてナチス・ドイツから迫害を受け、戦後はアメリカに亡命して活躍した政治思想家である。二〇世紀の全体主義と対決し、それを乗り越える社会のあり方を「公共性」をキーワードとして追求し、その成果は主著『人間の条件』にまとめられている。映画では、アレントが一九六一年にナチスの元高官アイヒマンに対するイスラエルでの裁判を傍聴し、その裁判への批判を記事に書いて、ユダヤ人同胞らからバッシングされる事件に焦点があてられている。アレントはユダヤ人を大量虐殺したナチスを厳しく批判しつつ、同時に、そうしたナチスの台頭をなぜ許してしまったのかを真摯に問うことなくナチス元高官の弾劾に終始するイスラエル国家をも、痛烈に批判したのである。同映画は二〇一三年に各国で上映され、日本でも、二〇一三年の一〇月から全国で順次一般公開される。

アイヒマン裁判を傍聴したアレントが強調するのは、大量虐殺という二〇世紀最大の悪が、実はきわめて凡庸な普通の人々によってなされたという事実である。そうした人々は、ただ自らの職務にのみ専心し、その意味を深く考えることをしなかったが故に、大量虐殺に加担してしまったのだとアレントはいう。そして、そのような全体主義を克服して、すべての人々が異質な他者を排除することなく自由に活動できる世の中を作り出していくことを説いた。彼女にとって公共性とは、まさにそうした、排除や差別のない、自由な活動が展開される世界を意味していた。

『ハンナ・アーレント』を監督したマルガレーテ・フォン・トロッタと、主演のバーバラ・スコヴァは、一七年前の一九八五年に発表された映画『ローザ・ルクセンブルク』でもコンビを組んでいる。私は一九八七年に東京の岩波ホールでこの映画を見た。今でも手元にそのときのパンフレットがある。

政治活動家のローザ・ルクセンブルクと思想家のアレントは一見対照的に見える。しかし、本文でも書いたように、アレントはローザ・ルクセンブルクから大きな影響を受けている。その背景には、アレントの母親がローザの熱烈な支持者であったこと、夫のブリュッヒャーがスパルタクス団のメンバーであったことなども関係している。しかし、より直接的には、アレントのめざす公共性の世界が、排除や差別のない、自由な活動が展開される世界であるという意味で、ローザがめざしていた革命と、深いところでつながっていたからであったといえる。

アレントの主著である『人間の条件』は、そういうアレントが構想する公共性と、その担い手である市民の条件を徹底的に探究した理論的結晶の書である。同書の刊行から半世紀以降を経た今日、彼女が考えていた公共性が新しい形で現実化しつつあるのではないだろうか。

以上の点をふまえて、本書では以下の二つの課題を達成しようと努めた。

ひとつは、『人間の条件』の骨子をなるべくわかりやすく伝え、かつ、アレントの思想の全体像もつかめるように心がけた点である。

もうひとつは、まさにここが本書のチャレンジであったのだが、現代の教育問題と関わらせながらアレントの思想の意義を論じ、そのことを通じて、上で述べたようなアレントの公共性論が現代において新しい形で現実化しつつあることを理論的に明らかにしようとした点である。「難民と市民の間で」というタイトルは、まさにこの点を意識したものである。

本書の執筆にあたっては、編集者の中西豪士氏から、何から何まで本当にお世話になった。氏の支えと助力がなければ、本書がこれほど早く刊行されることはなかっただろう。記して謝意を表したい。

また、いつものことながら妻には、適切なコメントをもらい、本書をよりよく仕上げることができた。感謝したい。

二〇一三年八月　小玉重夫

付記：なお、本書各章の注釈は読者の便宜をはかるために、また、本シリーズの書式を踏襲して、著者名と書名のみ（邦訳があるものについては邦訳の書名）の最小限の表示となっている。原書や英文を含む詳細な書誌情報は、巻末の文献リストを参照されたい。また、引用に際しては、邦訳を一部改訳した部分もある。原書や英訳からの引用は、私の訳文である。

参考文献

Agamben, Giorgio［1998］*Homo Sacer*, translated by Daniel Heller-Roazen, Stanford University Press、アガンベン、『ホモ・サケル』高桑和巳・訳、［二〇〇三］、以文社

Agamben, Giorgio［1999］"Bartleby, or On Contingency" in Agamben,G., *potentialities*, translated by Daniel Heller-Roazen, Stanford University Press:243-271、アガンベン、『バートルビー』、高桑和巳・訳、［二〇〇五］、月曜社

Agamben, Giorgio［2000］*Means without End*, translated by Vincenzo Binetti and Cesare Casarino, University of Minnesota Press、アガンベン、『人権の彼方に』、高桑和巳・訳、［二〇〇〇］、以文社

Agamben, Giorgio［2009］"The Friend", *What Is an Apparatus? and Other Essays*, Stanford University Prerss, translated by David Kishik and Stefan Pedatella

雨宮処凛［二〇〇七］、『生きさせろ！ 難民化する若者たち』、太田出版

雨宮処凛［二〇〇八］、『友だち刑』、講談社（講談社文庫）

青柳宏幸［二〇一〇］、『マルクスの教育思想』、白澤社

青柳宏幸［二〇一二］、「マルクス主義からマルクスへ――いわゆる『全面的発達』の批判的検討」、『近代教育フォーラム』第二一号

Arendt, Hannah［1946, 1994］"What Is" Existential Philosophy ? in *Essays in Understanding 1930-1954*, Harcourt Brace & Company (original published in 1946)、アレント、「実存哲学とは何か」『アーレント政治思想集成1』、齋藤純一・山田正行・矢野久美子・訳、［二〇〇二］、みすず書房

Arendt, Hannah［1951, 1986］*Elemente und Ursprünge totaler Herrschaft*, Piper Verlag Gmbh (first published in English in 1951)、アレント、『全体主義の起原1　反ユダヤ主義』、大久保和郎・訳、［一九七二］、『全体主義の起原2　帝国

主義』、大島通義、大島かおり・訳、［一九七二］、『全体主義の起原3　全体主義』、大久保和郎・大島かおり・訳、［一九七四］、みすず書房

Arendt, Hannah［1952］"Project: Totalitarian Elements in Marxism" in *The Papers of Hannah Arendt*, Library of Congress, ContainerNo.19

Arendt, Hannah［1953］"Karl Marx and the Tradition of Western Political Thought", in *The Papers of Hannah Arendt*, Library of Congress, ContainerNo.71、アレント、『カール・マルクスと西欧政治思想の伝統』、佐藤和夫・藤谷秀・小玉重夫・坂原樹麗・稲本竜太郎・訳、［二〇〇二］、大月書店

Arendt, Hannah［1954］"Philosophy and Politics", *Social Research*, Vol.57, No.1、アレント、「哲学と政治」、千葉眞・訳、［一九九七］、『現代思想』一九九七年七月号

Arendt, Hannah［1958］*The Human Condition*, The University of Chicago、アレント、『人間の条件』、志水速雄・訳、［一九九四］、筑摩書房（ちくま学芸文庫）

Arendt, Hannah［1959］"Reflections on Little Rock", *Dissent*, Vol.6, No.1、アレント、「リトルロックについて考える」『責任と判断』、中山元・訳、［二〇〇七］、筑摩書房

Arendt, Hannah［1963, 1990］*On Revolution*, Penguin Books (first published in 1963)、アレント、『革命について』、志水速雄・訳、［一九九五］、筑摩書房（ちくま学芸文庫）

Arendt, Hannah［1977］*Between Past and Future*, Penguin Books、アレント、『過去と未来の間』、引田隆也・齋藤純一・訳、［一九九四］、みすず書房

Arendt, Hannah［1977］*Eichmann in Jerusalem*, Penguin Book、アレント、『イェルサレムのアイヒマン――悪の陳腐さについての報告』、大久保和郎・訳、［一九六九］、みすず書房

Arendt, Hannah［1977］*The Life of the Mind*, Harcourt Brace Jovanovich、アレント、『精神の生活　上・下』、佐藤和夫・

訳〔一九九四〕、岩波書店

Arendt, Hannah、〔2005〕*The Promise of Politics*, Schocken Books、アレント、『政治の約束』、高橋勇夫・訳、〔二〇〇八〕、筑摩書房

Arendt, Hannah, McCarthy, Mary〔1995〕*Between Friends: The Correspondence of Hannah Arendt and Mary McCarthy 1949-1975*, Harcourt Brace & Company、アレント、『アーレント＝マッカーシー往復書簡』、佐藤佐智子・訳、〔一九九九〕、法政大学出版局

朝井リョウ〔二〇一二〕、『桐島、部活やめるってよ』、集英社（集英社文庫）

東浩紀〔二〇〇七〕、「規律訓練から環境管理へ」、『情報環境論集　東浩紀コレクションS』講談社

Bauman, Zygmunt〔1999〕*In Search of Politics*, Polity、バウマン、『政治の発見』、中道寿一・訳、〔二〇〇二〕、日本経済評論社

Benhabib, Seyla〔1992〕"Models of Public Space:Hannah Arendt, the Liberal Tradition, and Juergen Habermas" in Calhoun, C. (ed), *Habermas and the Public Sphere*, The MIT Press, 1992

Benjamin, Walter、ベンヤミン〔一九九四〕、『ベンヤミンの仕事2』、野村修・編訳、岩波書店

Blencowe, Claire〔2010〕"Foucault's and Arendt's 'insider view' of biopolitics: a critique of Agamben", *History of the Human Sciences*, December 2010 vol. 23 no. 5

千葉雅也〔二〇一二〕、「無人島と先祖性」、『現代思想』vol.40-9、青土社

千葉雅也〔二〇一三〕、『動きすぎてはいけない――ジル・ドゥルーズと生成変化の哲学』、河出書房新社

Colin, Graham Burchell, Miller, Gordon,Peter (ed.)〔1991〕*The Foucault Effect: Studies in governmentality*, Harvester Wheatsheaf, 1991

Crick, Bernard〔1997〕"Hannah Arendt and the Burden of Our Times", *The Political Quarterly*, vol. 68, no. 1.

Crick, Bernard〔2000〕*Essays on Citizenship*, continuum: London/New York、クリック、『シティズンシップ教育論』、関口正司・監訳、〔二〇一一〕、法政大学出版局

Deleuze, Gilles〔1990〕*Pourparlers 1972-1990*, ドゥルーズ〔二〇〇七〕、『記号と事件――一九七二―一九九〇年の対話』、宮林寛・訳、河出書房新社

Derrida, Jacques〔1997〕*The Politics of Friendship*, translated by George Collins, Verso、デリダ、『友愛のポリティックス2』、鵜飼哲・大西雅一郎・松葉祥一・訳、〔二〇〇三〕、みすず書房

土井隆義〔二〇〇八〕、『友だち地獄』、筑摩書房

Dolan, Frederick M.〔1995〕"Political Action and the Unconscious-Arendt and Lacan on Decentering the Subject "*Political Theory*, Vol.23, No.2

Donzelot, Jacques〔1977〕*La police des familles, Éditions de Minuit*、ドンズロ、『家族に介入する社会』、宇波彰・訳、〔一九九一〕、新曜社

Flesh, Rudolf〔1955〕*Why Johnny can't read - and What you can do about it*, Harper & Brothers, 1955.

Foucault, Michel〔1975〕*Naissance de la prison, Surveiller et punir*、フーコー、『監獄の誕生――監視と処罰』田村俶・訳、〔一九七七〕、新潮社

Foucault, Michel〔1978〕*The History of Sexuality Volume 1*, translated by Robert Hurley, Penguin Books、フーコー、『生の歴史Ⅰ　知への意志』、渡辺守章・訳、〔一九八六〕、新潮社

藤本卓〔一九八六、一九八七〕、「〈制作〉と〈実践〉」（一）（二）（三）、『高校生活指導』八六、九一、九二号

藤田省三〔一九九五〕、『全体主義の時代経験』、みすず書房

原武史〔二〇一〇〕、『滝山コミューン一九七四』、講談社（講談社文庫）

Hardt, Michael, Negri, Antonio〔2000〕*Empire*, Harvard University Press, Cambridge MA.、ハート＝ネグリ、『〈帝国〉』、

水島一憲・酒井隆史・浜邦彦・吉田俊実・訳、［二〇〇三］、以文社
橋本健二［二〇〇九］、『「格差」の戦後史』、河出書房新社
Heidegger, Martin［1927］*Sein Und Zeit*, Max Niemeyer Verlag Tübingen、ハイデガー、「存在と時間Ⅰ・Ⅱ・Ⅲ」、原佑・渡邊二郎・訳、［二〇〇三］、中央公論新社
本田和子［一九八二］、『異文化としての子ども』、紀伊國屋書店
本田由紀・内藤朝雄・後藤和智［二〇〇六］、『「ニート」って言うな！』、光文社（光文社新書）
市田良彦［二〇〇七］、『ランシエール　新〈音楽の哲学〉』、白水社
市野川容孝・小森陽一［二〇〇七］、『思考のフロンティア　難民』、岩波書店
今井康雄［一九九八］、『ヴァルター・ベンヤミンの教育思想』、世織書房
岩崎稔［一九九四］、「防衛機制としての物語――『シンドラーのリスト』と記憶のポリティクス」、『現代思想』第二二巻八号
金森修［二〇一〇］、『〈生政治〉の哲学』、ミネルヴァ書房
堅田香緒里・白石嘉治［二〇〇七］、「ベーシック・インカムを語ることの喜び」、『VOL』第二号、以文社
川崎修［一九九八］、『アレント』、講談社
川崎修［二〇一〇］、『ハンナ・アレントと現代思想』、岩波書店
小玉亮子［一九九二］、「八〇年代以降の家族論における子どもの問題」『教育』No.550、一九九二年七月
小玉重夫［一九九九］、『教育改革と公共性――ボウルズ＝ギンタスからハンナ・アレントへ』、東京大学出版会
小玉重夫［二〇〇一］、「始まりの喪失と近代――アレントにおける出生と教育」、『ハンナ・アーレントを読む』、情況出版
小玉重夫［二〇〇二］、「ハンナ・アレントはマルクスをどう読もうとしたか：研究序説」、『お茶の水女子大学　人文

科学紀要』第五五巻
小玉重夫［二〇〇三］、『シティズンシップの教育思想』、白澤社
小玉重夫［二〇〇八a］、「教育学における公儀と秘儀」、『教育哲学研究』第九七号
小玉重夫［二〇〇八b］、「バーナード・クリックとイギリスのシティズンシップ教育」、特定非営利活動法人Rightsほか・編『18歳が政治を変える！～ユース・デモクラシーとポリティカル・リテラシーの構築～』、現代人文社
小玉重夫［二〇一〇］、「教育における労働の脱規範化へ向けて――アレントによるマルクスの読みかえに着目して」、教育哲学会『教育哲学研究』第一〇一号
小玉重夫［二〇一二a］、「近代学校と義務教育」、森川輝輝、小玉重夫・編著『教育史入門』、放送大学教育振興会
小玉重夫［二〇一二b］、「マルクスを教育研究に再導入する」、『近代教育フォーラム』二一号二〇一二年一〇月、教育思想史学会
小玉重夫［二〇一二c］、「市民科学と放射線教育」、『科学』八二巻十号、岩波書店
小玉重夫［二〇一三a］、「ハンナ・アレントとベーシックインカム―脱冷戦的思考の方へ―」、『理想』六九〇号、理想社
小玉重夫［二〇一三b］、『学力幻想』、筑摩書房（ちくま新書）
鴻上尚史［二〇〇九］、『「空気」と「世間」』、講談社（講談社現代新書）
國分功一郎［二〇一一］、『暇と退屈の倫理学』、朝日出版社
Levinson, Natasha［1997］"Teaching in the Midst of Belatedness: The Paradox of Natality in Hannah Arendt's Educational Thought" *Educational Theory*, Vol.47., No.4.
Ludz, Ursula［1999］*Hannah Arendt Martin Heidegger Briefe 1925-1975*, Vittorio Klostermann、ウルズラ・ルッツ・編、『アーレント＝ハイデガー往復書簡 1925-1975』、大島かおり・木田元・訳、［二〇〇三］、みすず書房

Lyotard, Jean-François［1991］*Lecture d'enfance*、リオタール、『インファンス読解』、小林康夫他・訳、［一九九五］、未来社

Marx, Karl, Engels, Friedrich［1845-1846］*Die Deutsche Ideologie*、マルクス、『新編輯版ドイツ・イデオロギー』、廣松渉・編訳、小林昌人・補訳、［二〇〇二］、岩波書店（岩波文庫）

Marx, Karl［1934］Zur Kritik der politischen Oekonomie, Erstes Heft, Volksausgabe, besorgt von Marx-Engels-Lenin-Institut, Moskau、マルクス、『経済学批判』、武田隆夫・遠藤湘吉・大内力・加藤俊彦・訳［一九五六］、岩波書店（岩波文庫）

Moore, Patricia, Bowen［1987］"Natality, Amor Mundi and Nuclearism in the thought of Hannah Arendt", in James W. Bernauer, S.J. (ed.), *Amor Mundi*, Martinnus Nijhoff Publishers

Moore, Patricia, Bowen［1989］*Hannah Arendt's Philosophy of Natality*, St.Martin's Press

森一郎［二〇〇八］、『死と誕生――ハイデガー・九鬼周造・アーレント』、東京大学出版会

森川輝一［二〇一〇］、『〈始まり〉のアーレント――「出生」の思想の誕生』、岩波書店

森田尚人［二〇〇一］、「モダニズムからポストモダニズムへ――知識人と政治」、増渕幸男、森田尚人・編、『現代教育学の地平―ポストモダニズムを超えて』、南窓社

森田伸子［一九九六］、「『子ども』から『インファンスinfans』へ」、『岩波講座現代社会学一二巻』、岩波書店

村松灯［二〇一三］、「非政治的思考の政治教育論的含意――H・アレントの後期思考論に着目して」、教育哲学会『教育哲学研究』第一〇七号

永井陽之助［一九六八］、「政治的人間」、永井陽之助・編『政治的人間』、平凡社

中森明夫［二〇一三］、『アナーキー・イン・ザ・JP』、新潮社（新潮文庫）

野地洋行［一九九七］、「十五年目の遺言状―センター創設の神話」、『慶應義塾大学教職課程センター年報』一〇号

Perrot, Michelle、ペロー［一九八八］、「私的領域と権力」、福井憲彦・訳、『思想』一九八八年三月
Rancière, Jacques［1981］*La nuit des prolétaires. Archives du rêve ouvrier Paris*: Librairie Arthéme Fayard
齋藤純一［二〇〇〇］、『公共性』、岩波書店
酒井隆史［二〇〇五］、「〈帝国〉における包摂と排除——『生政治』についてのノート」、『非対称化する世界』、以文社
佐々木毅［一九九九］、『政治学講義』、東京大学出版会
関曠野［一九九五］、『教育、死と抗う生命』、太郎次郎社
関曠野［一九九六］、『プラトンと資本主義（改訂新版）』、北斗出版
Spencer, John, Harry Boyte, and Scott Peters［2012］"Civic Science", *Newsletter of the American Commonwealth Partnership*, August, 2012 Issue #6
Strauss, Leo［1959］*What is Political Philosophy?*, The University of Chicago Press、シュトラウス、『政治哲学とは何か』、石崎嘉彦・訳、［一九九二］、昭和堂
菅野仁［二〇〇八］、『友だち幻想』、筑摩書房
鈴木翔［二〇一二］、『教室内カースト』、光文社（光文社新書）
高橋哲哉［一九九四］、「アーレントは〈忘却の穴〉を記憶したか——岩崎稔氏に応える」、『現代思想』第二二巻一二号
高橋哲哉［一九九五］、『記憶のエチカ』、岩波書店
田村哲樹［二〇〇八］、「民主主義のための福祉——『熟議民主主義とベーシック・インカム』再考」、『思想地図 vol.2』日本放送出版協会
田崎英明［一九九〇］、『夢の労働　労働の夢』、青弓社

宇野常寛・濱野智史〔二〇一二〕、「僕たちは〈夜の世界〉を生きている」、『PLANETS』vol.8、第二次惑星開発委員会

宇野常寛・國分功一郎〔二〇一二〕、「個人と世界をつなぐもの」、『すばる』第34巻第2号、集英社

浦沢直樹〔二〇〇七〕、『21世紀少年　下』、小学館

綿矢りさ〔二〇〇三〕、『蹴りたい背中』、河出書房新社

山森亮・萱野稔人・酒井隆史・渋谷望・白石嘉治・田崎英明〔二〇〇七〕、「ベーシック・インカムとはなにか」、『VOL』第二号、以文社

Young-Bruehl, E.〔1982〕*Hannah Arendt For Love of the Word*, Yale University Press、アレント、『ハンナ・アーレント伝』、荒川幾男・原一子・本間直子・宮内寿子・訳、〔一九九九〕、晶文社

〔ウェブサイト〕

Berkowitz, Roger〔2012〕"From the Arendt Center, 15/Feb./2012", Hannah Arendt Center, BardCollege,http://www.hannahar-endtcenter.org/?tag=basic-income-guarantee,(2013.9.2. access)

関曠野〔二〇〇九〕、「生きるための経済——なぜ、所得保証と信用の社会化が必要か」『ベーシックインカム・実現を探る会ウェッブサイト』http://bijp.net/transcript/article/27（二〇一三年九月二日アクセス）

読書案内

ハンナ・アレントから広げて「難民と市民の間」、「シティズンシップ教育」を考えるために

……………小玉重夫

まず本書の次にぜひ読んでいただきたいものとして、私の『**学力幻想**』を挙げたい。いわば本書の応用編として位置づけられる。アレントの思想を日本の学力問題、教育問題の検討に適用したものである。

▼ハンナ・アレントをより深く広く知りたい人のために

アレントの著作は、ほぼすべて翻訳が出ているので何から読んでもいいと思うが、いわゆる主著として考えられているのは『**人間の条件**』に加えて次の二冊が挙げられる。『**全体主義の起原**』は、全三巻の重厚なものだが、事実上のアメリカでの論壇デビュー作で、『人間の条件』を書く動機にもなった。

また、晩年の集大成的作品としては『**精神の生活**』(上・下)を。『人間の条件』が政治活動を中心に書かれたものであるのに対して、こちらはもうひとつの柱である人間の思考活動をメインのテーマにしている。

その他、各論的なものから三冊。まずは文庫本で入手しやすい『**革命について**』。これは『人間の条件』の直後に出版されたもので、アレント自身が構想する社会のあり方を、アメリカ革命とフランス革命の比較を通して論じている。また、彼女の教育論に興味があるのであれば『**過去と未来の間**』は必読文献だ。また十月公開の映画のテーマであるアイヒマン裁判については『**イエルサレムのアイヒマン——悪の陳腐さについての報告**』が詳しい。

アレントに関する日本の研究者が書いている本も膨大に出ており、そのどれもが優れているが、ここでは入門書として川崎修『**アレント**』、アレントだけではなくハバーマスなどとの比較も含めて現代の公共性論を検証した斉藤純一『**公共性**』を挙げておく。

▼本書のテーマである、難民と市民について考える本

次は、アレントから離れて現代社会における、難民の状況、市民との関係について考える本。まずは雨宮処凛『**生きさせろ！ 難民化する若者たち**』。これは今の若者たちがどういう意味で難民化しているかということを著した先駆的作品。雨宮につながる若者論批判の流れでは、本田由紀、内藤朝雄、後藤和智による『**「ニート」って言うな！**』を挙げたい。ここでは難民という言葉は使っていないが、ニート、フリーターを社会的排除の問題としてひとくくりにレッテル張りすることへの批判を展開している。

スクールカーストもの小説からは、先駆的な作品として、綿矢りさ『**蹴りたい背中**』、集大成的作品として朝井リョウ『**桐島、部活やめるってよ**』は押さえておきたい。

▼シティズンシップ教育に関して興味がある人は

これも類書はたくさん出ているがアレントの思想をベースにするものから二冊だけ紹介。まず、私自身の『**シティズンシップの教育思想**』は入門的に読める。またアレントの影響を強く受けた英国の政治学者バーナード・クリックの『**シティズンシップ教育論**』は必読である。

＊各書籍の出版社や刊行年等の書誌情報は、参考文献を見てください。

小玉重夫（こだま・しげお）
1960年生まれ。東京大学法学部政治コース卒業、同大学院教育学研究科博士課程修了。博士（教育学）。慶應義塾大学教職課程センター助教授、お茶の水女子大学大学院人間文化創成科学研究科教授、東京大学大学院教育学研究科教授などを経て、現在、白梅学園大学・短期大学学長、東京大学名誉教授。専門は、教育哲学、アメリカ教育思想、戦後日本の教育思想史。
おもな著書に『教育改革と公共性——ボウルズ＝ギンタスからハンナ・アレントへ』（1999年、東京大学出版会）、『シティズンシップの教育思想』（2003年、白澤社）、『学力幻想』（2013年、筑摩書房）、『教育政治学を拓く——18歳選挙権の時代を見すえて』（2016年、勁草書房）など。

いま読む！名著
難民《なんみん》と市民《しみん》の間《あいだ》で
ハンナ・アレント『人間の条件』を読み直す

2013年10月25日　第1版第1刷発行
2024年10月 5日　第1版第2刷発行

著者　小玉重夫
編集　中西豪士
発行者　菊地泰博
発行所　株式会社現代書館
〒102-0072　東京都千代田区飯田橋3-2-5
電話 03-3221-1321　FAX 03-3262-5906　振替 00120-3-83725
http://www.gendaishokan.co.jp/
印刷所　平河工業社（本文）　東光印刷所（カバー・表紙・帯・別丁扉）
製本所　積信堂
ブックデザイン・組版　伊藤滋章
校正協力：迎田睦子

ISBN978-4-7684-1002-8
定価はカバーに表示してあります。乱丁・落丁本はおとりかえいたします。

活字で利用できない方のための
テキストデータ請求券
『難民と市民の間で』